Sistema Orgânico do Trabalho
Arquitetura Crítica e Possibilidades

Dados Internacionais de Catalogação na Publicação (CIP)
(Câmara Brasileira do Livro, SP, Brasil)

Benini, Édi Augusto
  Sistema orgânico do trabalho: arquitetura crítica e possibilidades / Édi Augusto Benini – 1ª ed. – São Paulo: Ícone, 2012.

  Bibliografia.
  ISBN 978-85-274-1212-4

  1. Administração pública. 2. Autogestão. 3. Economia solidária. 4. Organização do trabalho. 5. Políticas públicas. 6. Relações de trabalho. 7. Transição. I. Título.

  12-08342   CDD-351.0073

Índices para catálogo sistemático:

1. Sistema orgânico do trabalho:
   Autogestão e administração pública.   351.0073

Édi Augusto Benini

Sistema Orgânico do Trabalho
Arquitetura Crítica e Possibilidades

1ª edição
Brasil – 2012

Ícone editora

© Copyright 2012 – Édi Augusto Benini

Conselho editorial
    Cláudio Gastão Junqueira de Castro
    Diamantino Fernandes Trindade
    Dorival Bonora Jr.
    José Luiz Del Roio
    Marcio Pugliesi
    Marcos Del Roio
    Neusa Dal Ri
    Tereza Isenburg
    Ursulino dos Santos Isidoro
    Vinícius Cavalari

Projeto gráfico, capa e diagramação
    Richard Veiga

Revisão
    Juliana Biggi

Proibida a reprodução total ou parcial desta obra, de qualquer forma ou meio eletrônico, mecânico, inclusive por meio de processos xerográficos, sem permissão expressa do editor (Lei n° 9.610/98).

Distribuído pela:
ÍCONE EDITORA LTDA.
Rua Anhanguera, 56 – Barra Funda
CEP 01135-000 – São Paulo – SP
Tel./Fax.: (11) 3392-7771
www.iconeeditora.com.br
iconevendas@iconeeditora.com.br

~: Apresentação :~

Certa vez, Georg Lukács afirmou que o marxismo deveria ser renovado. No breve século XX, com a ascensão do stalinismo na União Soviética e sua enorme influência em inúmeros países, a teoria marxista foi convertida em dogmas e engessada no culto ao líder Stálin.

Retomar a crítica implacável ao sociometabolismo do capital, que se materializou tanto no "capitalismo real" quanto no "socialismo real", é tarefa urgente neste século XXI. Junto a isso, retomar a criatividade para delinear como seria uma sociedade para além do capital, também é uma tarefa imprescindível.

É aqui que se insere o livro de Édi Benini, como um balanço crítico dos embriões de desalienação do trabalho e ao mesmo tempo uma proposta não messiânica a ser debatida pelos movimentos sociais e intelectuais engajados nas lutas anticapital neste novo milênio.

Para entender melhor a configuração do livro, é imprescindível retomar sua trajetória. Benini conjugou neste livro sua experiência de aluno em Administração Pública na Unesp-Araraquara, o mestrado sobre políticas públicas de Economia Solidária realizado na Fundação Getúlio Vargas (SP), os conhecimentos adquiridos na ação direta com assentamentos rurais, quando trabalhou no INCRA em Tocantins, além da sua experiência como professor em disciplinas ligadas a Gestão Pública no curso de Administração da Universidade Federal do Tocantins bem como na experiência adquirida como coordenador e professor do curso de especialização "Gestão Pública e Sociedade", tanto na versão local quanto na versão nacional.

Na Unesp-Araraquara, sob influência do professor Felipe Silva e do marxismo renovador desta faculdade, Benini entrou em contato com as diversas formas de resistência ao avanço do capital financeiro no século XX, principalmente a retomada das lutas pelo trabalho associado. Ao mesmo tempo, começou a se debruçar sobre as teorias ligadas a "autogestão societal", muito distinta da gestão neoliberal que vem destruindo os poucos poros desmercantilizados que restam nos escombros da nossa república.

Tendo como ponto de partida a indagação sobre as condições para uma efetiva autogestão das unidades produtivas, Benini compreende a autogestão como um conceito e práxis que transcende a alienação do trabalho, logo, como uma construção histórica de uma nova sociedade que tem nos embriões de trabalho associado suas primeiras manifestações concretas. Nesta perspectiva, ele problematiza três formas de enfrentamento do trabalho frente ao capital: o reformismo, o estatismo, e a via do trabalho associado, que tem sido renovada por vários movimentos sociais, dentre eles o movimento da economia solidária. Ele ressalta que, apensar dos limites de cada uma, somente a economia solidária vem a questionar diretamente as mediações elementares do capital.

Na segunda parte do livro, Benini aprofunda um pouco mais as contradições da economia solidária, ressaltando que a impossibilidade de realização plena dos preceitos da autogestão reside na fragmentação material e econômica das cooperativas e associações, ou na sua integração por meio das mediações alienadoras do capital. Tal impasse leva a necessidade histórica de criação de novas mediações, pró-trabalho associado e pós-capital, a partir das várias experiências e acúmulos já conseguidos nas lutas e embriões de trabalho associado ou de formas de autogestão.

Nesse horizonte, ele propõe uma nova forma de se conceber a economia solidária, e com isso, reorientar sua práxis, aglutinando suas ações em três novas mediações: a) propriedade orgânica, b) renda sistêmica e c) autogestão societal, elementos constitutivos para um Sistema Orgânico do Trabalho – SOT.

Em outras palavras, a crítica ao trabalho alienado é o centro irradiador da sua proposta e ao redor dela aparece a crítica ao papel da Universidade, o definhamento do Estado e a criação de órgãos de gestão democrática, a relação entre controle das organizações produtivas pelos trabalhadores, e a desmercantilização, dentre outros.

Também cabe ressaltar que Benini retoma algumas das teses de István Mészáros em "Para além do capital" com o intuito de desenvolver sua proposta de um SOT. Nunca é demais lembrar que nos anos 1960, Oscar Varsavsky, intelectual argentino ainda pouco conhecido no Brasil, chamava sua proposta de "Socialismo Nacional Criativo" e José Mariátegui pouco tempo antes, desenvolveu a teoria de Marx dentro do propósito de um "socialismo indoamericano".

Acredito, me apoiando em Mészáros, que é fundamental o controle global do processo de trabalho pelos produtores associados e não simplesmente a subversão dos direitos de propriedade estabelecidos. Desta forma, as cooperativas e associações dos trabalhadores – como experiências práticas de auto-organização dos trabalhadores – têm feito parte das estratégias de resistência dos mesmos neste contexto de crise estrutural do capital. Entretanto, acredito que se elas permanecerem isoladas de outras lutas anticapital, ou definharão ou sobreviverão a duras penas, mas dificilmente poderão avançar rumo ao controle global do processo de trabalho pelos produtores livremente associados.

Na terceira parte, Benini discute formas de enfretamento ou de implementação de um autêntico "sistema comunal" (Mészáros) a partir da aglutinação orgânica do trabalho (SOT), situando o mesmo frente aos movimentos sociais e frente ao Estado. Por fim, advoga que a busca por meios para uma efetiva e plena autogestão significa, sobretudo, "instituir as bases para uma sociedade de fato sustentável e solidária".

O mérito do livro é justamente produzir uma síntese articuladora que tem como eixo o SOT e que ao mesmo tempo se desmembra nas mediações necessárias para a construção de novas condições de existência dos trabalhadores. Benini certamente nos brinda com este livro que ajudará os movimentos sociais a criticar as propostas de mudança epiteliais do capital – que nem sequer conseguem arranhar a superfície da miséria neste novo milênio – mas principalmente delinear caminhos para a construção de uma sociedade para além do capital.

Henrique T. Novaes
Julho de 2012

SUMÁRIO

Agradecimentos, 11
Palavras Iniciais, 13

Parte 1.
DESAFIOS EM ABERTO, 21
1. Revisitando as principais problemáticas societais, 23
2. Limites das propostas clássicas, 31

Parte 2.
SISTEMA ORGÂNICO DO TRABALHO:
ELEMENTOS CONSTITUTIVOS, 45
1. A práxis do trabalho associado: da funcionalidade para a reversão da alienação do capital, 51
2. Rearranjo institucional e organizacional, 59
   I. Fundação estruturante antipropriedade, 64
   II. Caixa de mediação financeira, 66
   III. Eixos Produtivos, 68
   IV. Universidade Libertária, 71
   V. Núcleos Comunitários, 73

3. Governança autogestionária, 77
   I. Sistema de Conselhos, 81
   II. Eixos Produtivos: Autogestão Técnica e Coordenativa, 85
   III. Núcleos Comunitários: Autogestão Social Plena, 86
   IV. Comunas: Autogestão Política Ampliada, 89
   V. Sistema Comunal: Autogestão Territorial, 91
4. Fluxos de riqueza societal e sustentabilidade orgânica, 93
   I. Intercâmbios entre o Sistema Mercantil e o Sistema Comunal, 93
   II. Da perspectiva individual para a coletiva, 101
   III. Da perspectiva coletiva para a individual, 105
   IV. Renda Sistêmica: Trabalho disponível e tecnologia social, 109

Parte 3.
ESTRATÉGIAS DE IMPLEMENTAÇÃO E ENFRENTAMENTO, 115
   1. Política e economia: codeterminação e múltiplos ataques, 117
   2. Estado e autogestão: divergências e articulações, 127
   3. Os movimentos pela reforma agrária e pela economia solidária: problemáticas e convergências de um projeto de desalienação, 135
   4. Apontamentos para um projeto de implementação, 145
   5. Sujeitos históricos e projeto político: iniciando a implementação do Sistema Orgânico do Trabalho, 149

CONSIDERAÇÕES FINAIS
Por uma sociedade sustentável autogestionária, 157

Posfácio, 163

Referências Bibliográficas, 165

~: Agradecimentos :~

Não foi uma tarefa fácil vencer os diferentes obstáculos que se apresentaram para a publicação deste livro. Infelizmente, ao contrário do que muitos conclamam, novas críticas e ideias nem sempre são bem aceitas ou encontram espaço necessário para sua socialização e debate.

Por outro lado, felizmente os poucos apoios que tivemos neste momento incial foram, sem dúvida, cruciais para termos algum "alicerce" para seguir em frente, arriscando ao menos propor uma outra visão e perspectiva para as lutas emancipatórias, indo um pouco além do já "consolidado" ou das "ideias recorrentes".

Não vou aqui explicitar nomes, pois creio que além de ser desnecessário, certamente cada uma destas pessoas, ao lerem este livro, saberão que direta ou indiretamente contribuíram para que esta obra fosse possível, e a elas ofereço sinceramente toda minha gratidão; familiares, amigos, alunos, ex-alunos e alguns intelectuais e/ou militantes sem dúvida fazem parte dessa lista.

Também gostaria de expressão minha gratidão aos alunos da 3ª turma do curso de especialização em Gestão Pública e Sociedade, não apenas por terem aberto espaço para apresentar muitas das questões e ideias abordadas aqui, mas, sobretudo, pelas críticas, perguntas, sugestões ou mesmo o interesse de se envolver numa futura construção coletiva; vocês também são parte crucial para o amadurecimento e motivação pela presente obra.

Enfim, mesmo considerando todos os apoios e críticas, não nos isentamos da nossa responsabilidade pelo resultado deste longo trabalho, que o leitor poderá agora conferir e fazer suas próprias considerações.

Boa leitura e um bom debate!

Palavras Iniciais

(...) Com isso quero afirmar que a derrota apenas aponta para o fato de que a classe operária ainda não desenvolveu instrumentos suficientemente eficazes de emancipação social e não uma impossibilidade de auto-organização por questões de "natureza humana" ou coisas do gênero. (Fernando Cláudio Prestes Motta, 1986, p. 61)

Talvez a primeira reação, frente não apenas ao título deste livro, mas, sobretudo, ao caráter propositivo que este explicita, seja a de uma forte rejeição, pelo possível caráter utópico e/ou idealista que quaisquer propostas "meramente" teóricas venham a ter, ou talvez, indo num caminho oposto, outros poderão reagir de forma excessivamente esperançosa ou entusiasta, vendo "uma saída", "uma resposta", frente a um oceano de dilemas, crises e ceticismo quanto às lutas pela emancipação social plena.

Contudo, consideramos simplesmente este obra como **um convite**. Ou seja, convidamos o leitor para iniciar um novo diálogo, desarmado de uma rotulação prévia. Isto porque sinalizamos, desde já, que longe da pretensão de "dar respostas" ou ter tido como eixo orientador do presente livro a "busca por soluções", trata-se tão somente de observar o momento histórico atual de forma profundamente dialética e, nesta perspectiva, evidenciar que a chave para superação da subordinação/alienação do trabalho está no próprio trabalho, e já há elementos suficientes para isso.

Tendo como principal fonte de investigação e reflexão o trabalho associado, mas este como movimento oscilante e contraditório dentro da chamada "economia solidária" é que nossas observações centraram atenção, num primeiro momento, na indagação a respeito de "qual autogestão" existia naquele movimento (começamos tais indagações desde 1998). Para tal entendimento, foi necessário contrapor preceitos, discursos e realidades (culminando na nossa dissertação de mestrado, em 2004), para que, num momento posterior, fosse possível passarmos a uma nova pergunta, qual seja: "quais as condições necessárias para uma autogestão efetiva ou societal", indagação esta que implicou articular um novo conjunto de conexões, problemáticas e, como derivação disto, apontamentos programáticos. Foi justamente tal perspectiva que permitiu arriscarmos escrever sobre as possibilidades de criação, por parte dos trabalhadores historicamente associados, de um sistema plenamente integrado, nos níveis material e econômico, do trabalho, ou seja, a "arquitetura de um sistema orgânico do trabalho", o que, para nós, mais que uma "invenção", trata-se simultaneamente de uma necessidade e possibilidade já existentes, enquanto imperativo latente, porém ainda aprisionado nas determinações mediadoras do capital.

Obviamente que tal empreitada não é livre de riscos. Mas que tipo de ação, por mais simples que seja, igualmente não seja "arriscada" no exato momento e medida na qual ousa questionar o *status quo*?

Por isso insistimos no propósito de "acender o estopim" para provocar um "bom debate", pois sem dúvida vários erros e equívocos devem haver aqui, como reiteradamente pode acontecer ao se aventurar em terreno "inexplorado", mas, acima disso, tal insistência pelo "bom debate" se deve à necessidade proeminente do coletivo nas discussões pró-transformação, uma vez que é no coletivo que se produz conhecimento, e de onde se pode vislumbrar projetos políticos. Sem esse caráter coletivo, nada do que escrevermos aqui fará qualquer sentido ou terá quaisquer consequências. Logo, assumimos nossa postura de recusa a uma mera "explicação" e "contemplação" do mundo e, apesar dos limites que cada um de nós temos, como ser social e histórico que somos, há igualmente o imperativo de se buscar ou criar os meios para sermos sujeitos da nossa história, do nosso destino. Se esta é a essência da filosofia da práxis, então é perfeitamente legítimo a qualquer pessoa, que aspira a autodeterminação, propor novas perspectivas, fomentar novos debates, e quem sabe aglutinar/encaminhar novas reflexões, projetos e ações.

Esclarecido esse "mapa cognitivo" prévio, podemos então afirmar que o conteúdo deste livro diz respeito a um conjunto de pesquisas, reflexões e conhecimentos, que são articulados de forma tal que seja possível, ao menos de forma incipiente, esboçar algumas propostas e apontamentos, que permita incluir e abrir algum espaço, na agenda de discussões e debates no campo das lutas emancipatórias, o que chamamos aqui de **Sistema Orgânico do Trabalho**, cuja primeira articulação está no nosso artigo "Sistema Orgânico do Trabalho: uma perspectiva de trabalho associado a partir das práxis de Economia Solidária" (BENINI, 2011).

Sabemos que, para a correta compressão da realidade, o rigor científico é fundamental. Porém, também advogamos que é igualmente importante e necessária a inovação e a criação, não apenas nos campos das ciências mais tradicionais (química, tecnologias, entre outras), mas também nas ciências sociais, em especial, no campo da organização do trabalho e nos fluxos de riqueza social, adensados num projeto político de mudança ou transformação. Dessa forma, talvez seja necessário um pouco de "idealismo" criativo para que seja possível, desde que este esteja alicerçado em várias análises profundas da nossa realidade social, qualificar novas possibilidades de enfrentamento, ou seja, uma nova tentativa de "antítese" ou negação das negações do capital.

Reconhecemos que não haverá resposta fácil, completa ou única, frente aos principais desafios contemporâneos, mas, por outro lado, também consideramos que a reversão do estabelecido, ou seja, a **efetiva superação do sistema orgânico do capital,** somente poderá ser concretizada por meios de várias lutas e tentativas de antíteses, cada qual de origens ou caminhos distintos: ora profundamente teorizadas, implementadas, criadas, pactuadas (ou mesmo contraditórias no seu movimento prático), ora como reações imediatas frente a uma situação hostil e adversa, dito de outro modo, rejeitamos aqui quaisquer determinismos histórico e/ou econômico, sendo o futuro, apesar de tendência, ciclos e estruturas, sempre uma incerteza a ser permanentemente enfrentada no tempo presente – tempo da práxis, tempo da política.

Nessa direção, ainda que o futuro seja incerto, as várias tentativas dos humanos em "controlar o seu destino" criam conhecimentos e experiências valiosíssimos, até que esse movimento dialético de resistência/enfrentamento revele uma perspectiva, consistente o suficiente, para desmontar as mediações de segundo grau do sistema do capital, ao mesmo tempo que construa outras formas de reprodução social, aglutinando e potencializando o trabalho, qualificado de forma associada e organicamente solidário.

Advogamos que essa é a mensagem que o pensador crítico das organizações – Fernando Cláudio Prestes Motta – desejou compartilhar ou sinalizar, no trecho acima destacado, e as várias "derrotas" das lutas emancipatórias não devem ser vistas apenas como "fraqueza" ou "determinismo", mas como sucessivas aproximações na direção de uma "outra sociabilidade".

Neste caminho dialético, tais reflexões aqui elaboradas são fruto de nossa leitura e estudo das valiosas contribuições dos pensadores sociais da emancipação humana, e estes – cada qual a seu modo – contestaram veementemente as mazelas e limitações do seu tempo; dessa forma, a eles creditamos toda a fonte de conhecimento e inspiração, com destaque aos mais contemporâneos István Mészáros, Fernando Motta, Maurício Trangtenberg, João Bernardo, ao lado dos clássicos Marx, Proudhon, Rosa Luxemburg, além dos intelectuais (e amigos) mais próximos – Felipe Silva, Henrique Novaes e meu irmão Elcio Benini, com os quais sempre pudemos ter um longo e frutífero debate e aprendizagem. Porém, a lista é muito maior que esta, pois, felizmente, são inúmeros os que se dispuseram a criticar o *status quo* e refletir sobre a emancipação plena dos seres humanos de todas as formas de exploração ou opressão, sem dúvida a contribuição de todos eles estará sempre viva, em cada ação humana libertária, enfim, serão sempre valiosas e imensuráveis fontes de inspiração para todos nós.

O título escolhido – Sistema Orgânico do Trabalho – naturalmente indica a centralidade da organização do trabalho como fundamento de uma nova sociabilidade, o qualitativo "orgânico" busca enfatizar a necessidade de integração plena, não alienada e não subordinada, dos trabalhadores associados, um forma concreta de solidariedade.

Também estamos dialogando diretamente com Mészáros, ao detalhar as diferentes dinâmicas, engrenagens e estruturas do capital, enquanto sistema orgânico dominante, especialmente no que diz respeito as suas três mediações elementares de segundo grau, bem como as quatro dimensões da alienação (MÉSZÁROS, 2002 e 2006).

Foi por meio desses conhecimentos articulados por Mészáros, especialmente a partir da sua obra *A Teoria da Alienação em Marx* (2006), em articulação com a perspectiva do livro *Para uma Teoria do Modo de Produção Comunista* (1975) de João Bernardo – que revela o sentido e implicações da categoria "trabalho disponível" num modo de produção pós-capital – que nos permitiu perceber e conectar, após alguns anos de estudos e debates sobre o movimento e as práticas da chamada "economia solidária", algumas perspectivas e elementos, ainda que "misturados" ou em "ebulição" nos movimentos concretos do "trabalho associado", mas que com aquelas referências teóricas podem também ser identificados e/ou qualificados como os primeiros arranjos de um possível "Sistema Orgânico do Trabalho". Demonstrar essa possibilidade, na qual o movimento da economia solidária, em que pese vários elementos de funcionalidade ao capital, também está em contradição negativa (no sentido de superação) contra as mediações estruturantes do capital, a motivação principal para a elaboração do presente livro.

Quanto à escolha do subtítulo – "arquitetura crítica" – este diz respeito aos três elementos que tradicionalmente a palavra "arquitetura" sugere: solidez, funcionalidade, beleza. O primeiro termo, "solidez", vem a reforçar e fortalecer, mais uma vez, o tipo de solidariedade abordada – horizontal e concreta – em conjunto com toda a estrutura organizacional e institucional, articulada de forma densa (sólida) o suficiente para contrapor os inúmeros mecanismos de desestabilização e fragmentação do capital sobre os seres humanos; a "funcionalidade" refere-se a necessária fluidez e possibilidade prática de implementação (ou seja, funcionalidade e eficácia deste tipo de organização do trabalho) e, por fim, a "beleza" que devemos incluir como opção histórica e humana, essa beleza indica não apenas estética, como ética, autocrítica, interdependência e consciente autodeterminação, enfim, a criação ou surgimento de novas subjetividades.

A forma apresentada deste argumento inicia-se com a recuperação de algumas problemáticas, na luta contra a opressão do capital, que consideramos importante explicitar. Sem entrar em maiores detalhes, uma vez que já há uma vasta e valiosa bibliografia crítica sobre o capital e suas mazelas (por isso advertimos o leitor que o resumo aqui articulado não exclui, de forma alguma, um estudo mais aprofundado sobre as diversas questões levantadas), apenas queremos enfatizar seus elementos estruturantes, para que, no tópico seguinte, possamos contrastar com maior clareza uma proposta alternativa de enfretamento, situando primeiro sua substância ontológica, forma organizacional e institucional, para em seguida apresentar/explicar prováveis dinâmicas de funcionamento.

Na última parte, já como ponte para a conclusão, buscamos dialogar diretamente com o leitor principal deste – o trabalhador/sujeito que busca a sua emancipação social – e na hipótese de que, efetivamente, possa haver qualidade e credibilidade nos questões abordadas anteriormente, passamos a indicar alguns caminhos ou estratégias de implementação enquanto novo movimento social e político. Concluímos no final que a instituição de um Sistema Orgânico do Trabalho também significa criar e/ou viabilizar uma Sociedade Sustentável Autogestionária.

Sabemos que o atual contexto econômico do Brasil é de uma relativa prosperidade, com boas taxas de crescimento econômico e aparentemente baixo nível de desemprego, o que talvez venha a diminuir o ímpeto pela transformação societal.

Entretanto, igualmente questionamos o que de fato significa tal prosperidade atual – sua qualidade e alcance efetivo para todos – bem como sua sustentabilidade no tempo, pois é fato que o desenvolvimento do nosso país continua sendo um desenvolvimento capitalista – ainda que com algumas ações distributivas – mas não isento de problemas e contradições. Neste contexto, ao contrário de uma postura eufórica (que talvez esteja amenizando as lutas emancipatórias), nossa avaliação frente a este cenário é de perplexidade e receio, não por ser este ou aquele governo, ou por ser no Brasil ou em qualquer lugar no mundo, mas principalmente pelo fato (e suas implicações) de que uma sociedade baseada em relações sociais capitalistas, em conjunto com um tipo de desenvolvimento centrado na valorização/acumulação de capital, não tem, e nunca terá, nenhum compromisso com as necessidades humanas. Seus efeitos supostamente positivos são, por definição, superficiais e transitórios, e os seus subprodutos (do ponto de vista societal) não são apenas "o preço" a se pagar pela prosperidade, são simplesmente a instabilidade política, os desequilíbrios econômicos, a desigualdade social, a espoliação dos nossos semelhantes, a destruição dos recursos naturais e ecológicos, a guerra e a morte; e o risco de que, cedo ou tarde, tais subprodutos (ou produtos diretos do capital) se manifestam são consideráveis e explícitos.

Por tudo isso, não há motivos para se contentar com bonanças passageiras, e menos ainda em abrir mão de lutas e projetos utópicos para além do *status quo* dominante.

Parte 1

Desafios em Aberto

~ 1 ~
REVISITANDO AS PRINCIPAIS PROBLEMÁTICAS SOCIETAIS

Podemos entender a sociedade capitalista também como um sistema que, mesmo sendo orgânico na sua lógica de expansão e acumulação, também promove uma série de fracionamentos e segregações, gerando um conjunto crescente de contradições, mazelas e crises. A primeira e mais elementar segregação é aquela sobre o conjunto efetivo dos produtores, na forma alienada de trabalhadores assalariados, em relação à classe proprietária dos meios de produção. Há ainda a dissociação entre a lógica do valor de uso, das necessidades das pessoas, com a lógica da lei do valor, ou do valor de troca, que busca produzir mercadorias de tal forma e modo que lhe proporcione a maior taxa possível de lucro e acumulação.

Como resultado da primeira segregação, temos a apropriação indevida da riqueza social para a acumulação descomunal de alguns poucos indivíduos, causando a miséria e a pobreza dos demais. O resultado da segunda segregação é duplo, pois ao mesmo tempo em que se acelera a produção de mercadorias, em grande medida para "repor" o também acelerado processo de destruição destas (obsolescência, guerras, ineficiência sistêmica), também se acelera o "uso" da força de trabalho até o limite do seu desgaste físico e psicológico, gerando ainda mais sofrimento humano e condições precárias de vida ou mesmo de civilidade. Como resultado, também se acelera o uso desmedido, e em grande medida irracional, dos limitados recursos naturais.

Dessa forma, tanto a exploração sobre os recursos naturais, como a exploração sobre os seres humanos, são elementos do mesmo mecanismo de acumulação do capital. Mas não um tipo de acumulação de riqueza social no sentido de estoque global e aumento do bem-estar de todos, mas sim um tipo de acumulação de riqueza personalizada e concentrada em poucos indivíduos, na forma de capital, que inclusive "destroem" parcelas crescentes de estoque de riqueza social, para aumentar o "estoque" (ainda que meramente simbólico e monetário) de riqueza individualizada, e o resultado global efetivo tende a ser cada vez mais de estagnação, ou mesmo de retrocesso.

Um trabalhador rural "empregado" na cadeira produtiva da cana-de-açúcar, por exemplo, recebe uma parcela ínfima da produção que ele mesmo contribui, com sua força de trabalho (na condição de mercadoria alienada), enquanto o seu "corpo", ao contribuir de forma exaustiva com essa mesma produção, a cada minuto de trabalho sofre danos irreversíveis a sua saúde física e mental. Enquanto isso essa mesma "cadeia produtiva", que não considera como "riqueza" as pessoas e os recursos naturais, a cada centavo supostamente produzido em "ganhos monetários" perde-se outros tantos, em termos de vidas humanas desgastadas (doenças, envelhecimento precoce, todas as formas de desgaste físico, psicológico e social) e degradação do meio ambiente explorado (erosão, agrotóxicos, poluição das águas, entre outros passivos).

Não é por acaso que, uma vez estruturada toda uma sociedade para um fim último de acumulação pela acumulação, o seu desenvolvimento será simultaneamente o desenvolvimento capitalista.

Nessa forma histórica de desenvolvimento, centrada na acumulação de capital, tanto o trabalho, enquanto força de trabalho, e o meio ambiente, enquanto insumos e matérias-primas, são meros "fatores de produção". Logo, a ideia/discurso de que "a preservação ambiental é obstáculo para o desenvolvimento econômico" ganha cada vez mais apelo e visibilidade.

Trata-se de um falso dilema, isso porque obviamente é o homem que precisa (e é parte constitutiva) da natureza, e não o contrário. Manter, ou se preferirem, sustentar os ciclos ecológicos, significa manter a possibilidade de vida humana, que está intrinsecamente vinculado a esses mesmos ciclos ecológicos, que permitiram (e permitem) a nossa origem, evolução (no sentido de processo histórico de construção do nosso ser social) e existência. Logo, o que está em jogo é precisamente o tipo ou a qualidade de desenvolvimento, ou seja, a preservação dos ciclos ecológicos é um "obstáculo" para o desenvolvimento da acumulação capitalista, e não para as necessidades humanas.

Essa atual forma de sociedade ou civilidade predominante, capitalista, foi constituída, ao longo de alguns séculos, motivada ou centrada especialmente na **produção de riqueza material**. Para se viabilizar tal lógica de desenvolvimento, criaram-se algumas estruturas básicas.

Com isso, uma vez definido o macro-objetivo de ganho material imediato e sempre crescente, formou-se um determinado processo de acumulação de riquezas, que traz consigo, necessariamente, duas consequências diretas: (1) ele é um objetivo divergente, ou seja, materialmente é possível apenas algumas poucas pessoas concentrar e acumular riquezas, e (2) direciona-se as descobertas e inovações científicas e tecnológicas para se acelerar a produção de mercadorias, mesmo que tal produção não acompanhe, efetivamente, as necessidades agregadas de uma sociedade.

Como resultado, temos a configuração, por um lado, da exploração do trabalho, que se materializa em pobreza e exclusão material de parte expressiva da humanidade dessa riqueza, produzida a partir da intervenção homem-natureza e, por outro lado, na formação de processos produtivos e parques industriais "programados" a acelerar a produção indubitavelmente de forma "autossustentável" (do ponto de vista dos ciclos mercantis), ou seja, a finalidade não é o valor de uso (aquilo que realmente é necessário para melhorar as condições de vida das pessoas, inclusive tempo livre, cultura e lazer), mas apenas o consumo de forma sempre crescente, ou seja, o valor de troca, que em última análise significa "produção pela produção". Para manter em ascendência tal curva de consumo, e esse é um ponto essencial desta lógica, também se reduz, drasticamente, a vida útil das mercadorias produzidas, aumentando-se o desperdício, ou seja, a promoção contínua de novas necessidades artificiais de consumo.

Essa opção de sociabilidade determina um tipo de desenvolvimento contraproducente, em termos de liberdade humana, pois, ao contrário do que se supõe, à primeira vista, que o avanço das forças produtivas, com incremento crescente de descobertas e invenções científicas e tecnológicas, vem a aumentar o bem-estar das pessoas e potencializar a sua existência, saindo do reino das "necessidades imediatas" para o espaço das "liberdades humanas", temos o paradoxo de que tais avanços terem o resultado contrário, ou seja: mais opressão e dominação e, inclusive, colocando em risco a própria existência da vida humana.

Logo, enquanto isoladamente se tem ganhos crescentes de produtividade e eficiência, traduzidos nos fluxos de se produzir mais coisas com menos tempo, no conjunto ou numa perspectiva sistêmica integrada temos na realidade **ganhos decrescentes de pro-**

dutividade e efetividade. Isso porque há uma substituição crítica ou inversão de prioridades, pois o trabalho disponível e o aparato tecnológico de produção não são direcionados, progressivamente, para outras demandas sociais, tais como a redução do tempo de trabalho necessário, eficiência energética e de mobilidade, melhores condições de vida, enriquecimento cultural e intelectual, mas sim para a mera, desnecessária e irracional reposição incessante de mercadorias (muitas das quais de utilidade duvidosa, como o setor de luxo), além da criação, naquele mesmo processo, de custos societais crescentes, para se tentar equacionar os passivos ou externalidades negativas paulatinamente criadas (lixo, caos urbano, doenças e epidemias, encarecimento dos meios de transporte, violência, erosão e contaminação dos solos, ineficiências energéticas, entre outros), dito de outra forma, um colossal desperdício sistêmico de recursos naturais escassos e vitais para a vida humana.

Os países do capitalismo originário puderam se beneficiar, até certo ponto, deste tipo de desenvolvimento, pois obviamente para a ascensão da industrialização havia a disponibilidade de uma grande capacidade de "carga" (assimilação daqueles passivos) do planeta, além de imensos territórios para se colonizar ou explorar.

Entretanto, iniciamos o século XXI em outro contexto, pois enquanto a tragédia social, expressa em inúmeras problemáticas, já é um fato indiscutível, tal modo de se produzir "riquezas", centrado numa velocidade ainda maior de destruição, começa a encontrar limites físicos para a sua expansão, que é justamente a própria capacidade de carga e suporte do planeta Terra, tanto do ponto de vista dos recursos naturais disponíveis, como especialmente na capacidade de processar ou "reciclar" os imensos passivos ambientais e ecológicos criados.

As opções são claras: continuidade no desenvolvimento baseado na acumulação incessante do capital, ou a busca por inovação (ou inovações) de cunho societal (relações sociais enquanto totalidade).

Optar pelo mesmo tipo de desenvolvimento, baseado na exploração crescente sobre os recursos naturais e sobre o trabalho, poderá, no médio prazo, trazer crescimento econômico e ganhos materiais para o Brasil, por exemplo, mas aqui está a grande armadilha.

Isso pelo fato de que, obviamente, alguns segmentos enriquecem mais, enquanto outras camadas sociais aproveitarão tão somente os respingos dessa suposta prosperidade. Mas no longo prazo, além de se esgotarem os mecanismos artificiais de se "acelerar" o crescimento (como o crédito, exportação de produtos primários, diminuição das áreas de preservação, entre outros), seus efeitos "colaterais" não tardarão a se manifestar, em diferentes perspectivas, citamos alguns para elucidar nosso argumento:

1. Estando a floresta amazônica em grande medida destruída, teremos uma sobrecarga no mínimo perigosa de lançamento dos gases do efeito estufa na atmosfera, colocando o Brasil lado a lado dos demais países responsáveis por essa tragédia climática, de efeitos ainda imprevisíveis sobre toda a humanidade;
2. Com a destruição de parte expressiva da floresta, também poderá ser afetado o ciclo de chuvas na região centro-sul do país, com amargos prejuízos na agricultura (produção de alimentos, por exemplo) em toda essa região.
3. Ao perder controle sobre o desmatamento e o domínio sobre o território, abre-se um perigoso precedente para a intervenção internacional, sob o argumento de defesa da natureza, mas motivado principalmente pela busca dos seus recursos, afinal, estamos no mesmo "jogo" realizado pelas grandes potências econômicas (que obviamente apelaram muitas vezes para o uso da força na busca de recursos escassos).

4. Quando for saturado o crescimento baseado no crédito e nas exportações, haverá refluxo nas taxas de emprego e ocupação profissional, sem falar dos outros problemas advindos com o caos urbano, degradação do ar e das águas, ou seja, os exatos problemas já enfrentados pelas nações consideradas "ricas".
5. Na hipótese de investimentos contínuos, especialmente de matriz transnacional, temos ainda dois efeitos a se considerar, aumento da remessa de lucros para o exterior e incremento contínuo, na medida em que "se esgotar" a taxa de depreciação de máquinas e equipamentos, de tecnologias poupadoras da mercadoria trabalho, ou seja, os empregos tenderão a ser destruídos numa velocidade maior do que são criados.
6. O não respeito ao curso natural das águas das chuvas, das encostas, das áreas de instabilidade ecológica ou climática tenderão apenas a agravar ainda mais tragédias como enchentes, secas, deslizamento de encostas, entre outros. E a lista segue...

Nessa perspectiva, há muitas questões a serem tratadas no Brasil, como o planejamento territorial da Região Norte, matriz energética, tecnologia e produção, entre outros.

Apenas para ilustrar, com base no amplo conhecimento já acumulado, não é difícil imaginar um caminho estratégico alternativo: por um lado redirecionar os imensos recursos canalizados para grandes obras de infraestrutura (com questionáveis benefícios) e optar primeiro pela pesquisa, desenvolvimento e disseminação de alternativas de energia, transporte, moradia e eficiência energética. No imediato o crescimento econômico pode ser até nulo, mas aos poucos haverá naturalmente uma redução exponencial no desperdício e redução na obsolescência de mercadorias, numa nova equação produção *vs.* consumo, ou seja, com o mesmo produto industrial cria-se um estoque de riquezas maior ou crescente. No médio prazo, como não há novos custos com passivos ambientais, pode-se priorizar o setor de biotecnologia, com a perspectiva de novos valores, conhecimentos e produtos. Já no longo prazo, além de manter os ciclos ecológicos vitais, haverá maior estoque de riqueza, distribuída e potencializada, junto com novas oportunidades de conforto material e espiritual, inclusive a necessária redução do tempo de trabalho socialmente necessário. Esta seria a opção mais racional do ponto de vista da sustentabilidade da vida humana, porém, não é sob o ponto de vista da sustentabilidade da acumulação.

Resumindo, temos em uma opção uma perspectiva preocupante: um provável futuro de crises econômicas, mal-estar social, desequilíbrio climático, guerras, epidemias, poluição, caos... Enquanto em outra perspectiva societal pode-se vislumbrar um cenário com menor opulência material (luxo) de uns poucos, porém, mais tempo livre para todos, água, alimentos e ar de qualidade, bem-estar social e cultural, razoável conforto material e uma sociedade sustentável. Até que ponto esse cenário é apenas uma utopia vazia ou simplesmente a necessidade de um novo capítulo da nossa história como civilização de fato? Porém, há que se reconhecer que provavelmente tal perspectiva requeira um sistema social alternativo ou pós-capital para ser viável.

~: 2 ~

LIMITES DAS PROPOSTAS CLÁSSICAS

No processo histórico de consolidação do capital e formação da correspondente sociedade capitalista, é importante evidenciar que tal processo não foi linear, mas, ao contrário, foi (e continuou) sendo saturado por inúmeras contradições, sendo a exploração e opressão sobre o trabalhador a mais evidente.

Na nossa concepção, a antítese a tais contradições, ou se deram por meio de um reflexo imediato, ou por um projeto político densamente articulado e planejado.

Como antítese imediata, consideramos o longo ciclo de reações, por parte dos trabalhadores, frente ao capitalismo nas fornalhas da sua consolidação (colonialismo, acumulação primitiva, expropriação e dominação sobre territórios, lei dos pobres na Inglaterra), que tem início na instituição de novas relações de propriedade na Inglaterra e termina com a derrocada do trabalho na Comuna de Paris.

Interessante destacar que, antes mesmo de terminar esse primeiro ciclo de reação, já se tem todo um acúmulo de experiências e conhecimentos, cujo auge foi sem dúvida a contribuição e a análise crítica magistral de Marx.

Naturalmente que não temos aqui a pretensão de mapear, seja cronologicamente, seja epistemologicamente, toda a contribuição das teorias críticas sobre a sociedade e sua história. Nosso intuito é tão somente destacar, de forma sintética, o que consideramos as três principais vertentes de transformação social, que se constituíram historicamente, a saber:

- A vertente do reformismo; a qual por meio de sindicatos, partidos políticos e movimentos sociais, buscou-se a constituição de mecanismos de proteção estatal ao trabalho assalariado, ou a instituição dos chamados "**direitos sociais**";
- A via considerada revolucionária; por meio principalmente da conquista do poder político estatal por partidos políticos proletários (socialistas ou comunistas), buscou-se a inserção de todo o setor produtivo no aparelho do Estado, expropriando as propriedades individuais dos meios de produção. Apesar das várias denominações para esta vertente, vamos adotar o conceito mais crítico, considerando esta como a via do "**estatismo**";
- Numa outra perspectiva ou linha de ação, considerada também reformista, temos o trabalho associado, cujo primeiro formato se expressou no movimento cooperativista, e mais recentemente, enquanto nova alternativa de enfrentamento as crises do capital (ou mesmo de transformação social), foi inserido (ou ressignificado) na proposta ou movimento da chamada "**economia solidária**".

Mais uma vez ressaltamos cada uma dessas vias/projetos é composta por uma enorme complexidade de determinantes históricos, influências teóricas e movimentos concretos, porém, para elucidar (e inserir no debate) a proposta de um Sistema Orgânico do Trabalho, é necessário apontar alguns limites estruturais que cada uma vem demonstrando no seu processo concreto de luta e ação, contendo sem dúvida avanços e experiência de grande valor, como também retrocessos e uma série de outras problemáticas. Porém, numa visão dialética, advogamos que, ao menos tempo em que são evidenciadas algumas críticas, esse mesmo processo de luta ou resistência frente à sociedade do capital explicita continuamente novos caminhos e questões, antes secundários ou sequer percebidos, mas que podem conter elementos para uma linha de ação (frente às múltiplas formas de dominação do capital), num patamar superior de organização política e social.

Com a devida clareza sobre a forma de análise e abordagem adotada aqui, passamos a analisar, em perspectiva ampla, cada uma das três opções clássicas de emancipação do trabalho, fazendo um breve panorama histórico, sem perder de vista os pontos de interseção que elas possuem.

Como vimos, ao lado e também como consequência das reações imediatas frente à constituição da ordem do capital, a luta contra a opressão e a exploração sobre o trabalho foi constituindo, ao longo do tempo, um conjunto de preceitos e instituições constitutivas de uma rede social de proteção estatal ao trabalho, ou mais especificamente, proteção ao trabalhador assalariado ou ao "produtor" não proprietário dos meios de produção. Tal conjunto também é identificado como a conquista de **direitos sociais**, e o seu auge modificou até mesmo o próprio caráter do Estado, que passaria a ser denominado de Estado de Bem-Estar Social (Welfare State).

Apesar de o Estado de Bem-Estar Social, a rigor, não modificar os elementos básicos do capital, há sem dúvida uma regulação política sobre a distribuição do excedente econômico. Podemos afirmar, grosso modo, que quanto mais avançado for o Estado de

Bem-Estar Social, menor será a apropriação privada (ou concentração de renda) para uma pequena minora da mais-valia, porém, sem mudar em nada os fundamentos dessa exploração.

Como vimos, ao lado e também como consequência das reações imediatas frente à constituição da ordem do capital, tal regulação política foi fruto direto da luta contra a opressão e a exploração sobre o trabalho. Neste processo, ora como conquista, ora como concessão (porém, concessão para melhorar a produtividade da força de trabalho, e nunca como definhamento do poder do capital) foi se construindo, ao longo do tempo, **um conjunto de preceitos e instituições constitutivas de uma rede social de proteção ao trabalho,** ou mais especificamente, proteção estatal ao trabalhador assalariado ou ao "produtor" não proprietário dos meios de produção, frente a sua condição de existência reduzida a uma relação social mercantilizada.

Essa condição de mercadoria, na qual o trabalho dos seres humanos é reduzido e amesquinhado, criou uma situação de ampla vulnerabilidade social.

Tal vulnerabilidade explica-se por uma dupla relação de subordinação: por um lado, a capacidade de trabalho não é mais (ou não pode ser mais) utilizada para a produção e reprodução das necessidades do trabalhador, mas sim vendidas como força de trabalho. Por outro lado, o "comprador" dessa mesma força de trabalho, agora na condição de mercadoria, passar a ser o proprietário (ou as pessoas que personificam essa função do capital) dos meios de produção. Logo, a única condição material, para que o trabalho posso se realizar concretamente na mediação homem/natureza, é a sua subordinação a este proprietário.

Para que fosse consolidada tal subordinação do trabalho, vários artifícios de expropriação e espoliação foram ostensivamente utilizados, inclusive com a criação de instituições estatais de proteção e garantia para a "propriedade privada" e para os "contratos".

Com a cristalização do direito de propriedade no amparo estatal, a arena de lutas, de certa forma, vai se deslocando do espaço produtivo imediato para a esfera estatal, identificada como uma suposta esfera pública. Nesta dimensão do estado como "esfera pública", abre-se também um campo de disputa: afinal, de qual esfera pública se trata? – pois se o propósito desse aparelho estatal é (ou deveria ser) o de servir ao povo, então esse mesmo aparato estatal deve também proteger os trabalhadores, face à sua condição de mercadoria. Grosso modo, é dentro dessa lógica, na qual o aparelho estatal passa a ser o regulador das relações de trabalho e produção, que é construído aos poucos uma agenda ou conjunto de instituições voltadas à proteção estatal do trabalho e sua reprodução social, tais como o instituto da previdência, assistência médica pública, instrução pública, direito a férias, pensão, entre outros.

Tal conjunto de intervenções também é identificado como a conquista progressiva de **direitos sociais**, sendo que o seu auge modificou até mesmo o próprio caráter do Estado, que passaria a ser denominado de Estado de Bem-Estar Social (Welfare State), situação na qual, segundo o texto clássico de Marshall (1967), o *status* de cidadania rivaliza com o *status* de classe.

Nessa perspectiva, não concordamos com algumas análises de que o Brasil também teria um Estado de Bem-Estar Social, dentro da sua realidade específica. Na nossa concepção, tal visão confunde a existência de uma rede de proteção social com o seu grau de eficácia, enquanto mecanismo político efetivo de desmercantilização do trabalho e garantia da sua reprodução social.

Logo, a rigor o que define "Estado de Bem-Estar Social", dentro da linha argumentativa proposta aqui, seria um conjunto de características que, somadas, anulam a condição de mercadoria do trabalho (sem a superar efetivamente) e colocam o *status* de cidadania num patamar político e econômico superior de repro-

dução social, que alguns autores como Manzini-Covre (1995) chamariam de "cidadania plena". Nessa estrutura, teríamos então os seguintes elementos:
- **Pleno Emprego** – ou seja, quando praticamente toda a população economicamente ativa se encontra inserida no mercado de trabalho, de forma formalizada (com carteira de trabalho assinada e todos os direitos sociais reconhecidos e cumpridos), com ganhos salariais crescentes, força sindical e política e flutuações de "desemprego" são meramente ocasionais ou conjunturais.
- **Políticas Públicas Universais** – situação na qual os serviços sociais, reivindicados historicamente (previdência, saúde, educação), passam a ser financiados pelo trabalho assalariado, na forma de fundo público e promovido por instituições estatais, de forma universal (para toda a população, sem nenhuma mediação mercantil ou critério restritivo) e com a devida qualidade, como direitos de cidadania.
- **Investimento Produtivo** – devido ao pacto pós-guerra, e tendo como pauta a reconstrução da Europa, ciclos sucessivos de investimento produtivo foram se expandindo, o primeiro puxado pela reconstrução de infraestruturas básicas, depois (num segundo ciclo) como incremento constante de produtos elaborados e, por fim, como inovação em novas tecnologias e processos produtivo-organizacionais poupadores da mercadoria trabalho (como veremos adiante, esse terceiro ciclo gerou a crise dessa forma de financiamento dos direitos sociais).
- **Redistribuição de renda** – na ótica de vários analistas e estudiosos, o contexto do pacto do pós-guerra, bem como a chamada Guerra Fria (disputa entre o mundo capitalista e o suposto mundo "socialista") também marcou o fortalecimento do projeto político social-democrata, expresso

nas organizações sindicais e em partidos políticos social-democratas, socialistas e comunistas. O primeiro ciclo de investimentos produtivos criou condições para a formalização crescente do mercado de trabalho que fortaleceu os sindicatos, que por sua vez puxou aumentos salariais. Ao mesmo tempo, a instituição progressiva de políticas públicas universais também puxou o aumento da renda real por meio do chamado salário indireto (ou seja, o trabalhador, além de deixar de gastar com questões básicas da sua sobrevivência, passa a desfrutar de saúde e educação de qualidade). Todos esses elementos convergiram para um processo estrutural de redistribuição de renda, que puxou o segundo ciclo de investimentos (aumento do consumo de massas), bem como criou vários constrangimentos para a taxa de lucro, forçando o preço, de amplos setores da economia, a se igualarem ao custo marginal.

Apesar de mantidas as relações sociais capitalistas, conforme já afirmamos, é preciso considerar que tal conjuntura afetou diretamente o poder de classe, a tal ponto de engendrar enérgicas reações contrárias num segundo momento, culminando com ideologias e estratégias de cunho neoliberal.

Também defendida como uma via institucional para se chegar ao socialismo, o reformismo, por meio da proteção ao trabalho e confundido com direitos sociais, apresenta vários limites estruturais.

Primeiro porque não coloca em pauta o questionamento de nenhuma das três mediações de segundo grau do capital, ou seja, **permanece a propriedade privada dos meios de produção** (ainda que coexistindo com alguma propriedade estatal), **o valor de troca** e a **divisão hierárquica do trabalho**. Vários estudos também apontam que no seu auge, o Estado de Bem-Estar Social ficou circunscrito a um pequeno número de países e dentro um período específico da história (os chamados "anos dourados do capitalismo"). Além disso, tais países teriam se beneficiado, por um lado, de todo o contexto de reconstrução pós-Segunda Guerra, da exploração econômica sobre os demais países colonizados ou explorados, além de sofrerem importante influência da disputa entre o mundo "capitalista" com o mundo "socialista" soviético, que naquele momento histórico optou pela estatização plena da produção e da reprodução social.

Se não bastasse tal conjuntura dotada de grande especificidade histórica, é preciso levar em conta que tal mecanismo de desmercantilização do trabalho, ainda que limitado em vários elementos estruturais, teve eficácia suficiente (no que se refere à socialização de parte considerável da renda nacional) para se questionar (e rivalizar) contra os privilégios da classe dominante, além de gerar um conjunto não desprezível de benefícios sistêmicos próprios de uma sociedade menos desigual do ponto de vista econômico.

Nesse contexto, o que foi a emergência da, ou das ideologias neoliberais, que não uma reação política da classe dos proprietários, tendo em vista a ameaça concreta aos seus privilégios de classe?

O livro O caminho da servidão, de Hayek (1990), considerado o berço do neoliberalismo, surgi justamente para atacar os vários institutos socializantes desse padrão de organização estatal, situando (e com isso desqualificando) o Welfare State na mesma perspectiva totalitária do Stalinismo.

Como no reformismo, a classe dominante continua sendo a proprietária dos meios de produção, tiveram a possibilidade não apenas de lançar uma reação política e ideológica articulada (neoliberalismo como doutrina), como também organizar uma reação material, na esfera da produção, para contra-atacar os mecanismos de socialização de riqueza societal (estratégias neoliberais).

A reação política é expressa no ataque ideológico ao Estado de Bem-Estar Social, na desqualificação das políticas públicas universais e não mercantis, desmonte do setor público produtivo, e a afirmação constante que é somente no setor empresarial que reside o lócus da "eficiência produtiva".

A reação material vem na busca constante por tecnologias poupadoras de mercadoria trabalho, e a introdução permanente de novos mecanismos de precarização e flexibilização das relações de trabalho, bem como a desregulamentação dos mercados financeiros (uma forma mais sofisticada de apropriação de mais-valia).

Com a crise do petróleo de 1973, abre-se espaço para o desemprego estrutural (demissão no "ciclo" de baixa do capital, e a não recontratação no "ciclo" de alta). A conjunção do desemprego, com o aumento dos juros sobre a dívida pública, resulta na corrosão das bases de financiamento do Estado de Bem-Estar Social e o aumento das suas demandas sociais, causando a chamada "crise fiscal do Estado".

Obviamente que na abordagem do neoliberalismo, essa crise é explicada a partir de uma suposta "ineficiência" inerente ao setor público, e não como resultado das contradições do capital, enquanto sistema orgânico mundial.

O fato é que, de uma forma ou de outra, a expansão inicial dessa via de socialização de riqueza societal e de relativa (mas não superação) desmercantilização do trabalho, além de ter sido "bloqueada", ficou restrita à realidade de poucos países, devido àquele conjunto de questões mencionadas anteriormente, e mesmo nestes países há sinais crescentes de esgotamento e reversão do "**reformismo**", como podemos observar, por exemplo, nas sucessivas "crises" que assolam a Europa em 2011.

Com isso, podemos afirmar que a efetivação dos direitos sociais somente foi possível num contexto histórico muito específico, e restrito a pouquíssimos países, e mesmo nestes, ainda permanece um Estado essencialmente capitalista, dentro de um sistema econômico no mínimo instável (à mercê das crises econômicas originárias das contradições do capital), logo, a via do reformismo, ao não negar as mediações de segundo grau do capital, é incapaz de superá-lo, possibilitando apenas, vale ressaltar, pela combinação específica de um conjunto de situações, a ampliação do *status* de cidadania (direitos sociais) ao ponto de rivalizar transitoriamente (mas não superar) o *status* de classe.

Na sequência, temos a via considerada revolucionária, conhecida também como "socialismo real" ou "socialismo realmente existente", porém, preferimos a denominação **estatismo**.

Há várias controvérsias em torno dos países que aderiram ao estatismo. Infelizmente não são raras tentativas reiteradas de desqualificações e generalizações, sem a devida análise e discernimento, no intuito de se demonstrar que "o modo de produção capitalista é o mais viável, e o socialismo já demonstrou sua derrocada". Não concordamos com tal concepção, pois ela apenas classifica, de forma extremamente preconceituosa e superficial, tais experiências históricas de socialistas ou comunistas, julgado-as fracassadas ou mesmo totalitárias.

A interpretação que defendemos aqui é feita à luz das análises e reflexões de Maurício Tragtenberg (obra: *Reflexões sobre o socialismo*, 2003) e István Mészáros (obra: *Para além do capital*, 2002). Para ambos, a experiência do estatismo, em especial da ex-URSS (União das Repúblicas Socialistas Soviéticas) não podem, a rigor, serem denominadas de socialistas e menos ainda de comunistas. Ao contrário, Tragtenberg argumenta que na verdade tivemos um tipo de Capitalismo de Estado, no qual o aparelho estatal assume todas as funções econômicas e produtivas, incorporando a função do empresário e assumindo a propriedade estatal dos meios de produção, mas sem abolir a lógica de acumulação e a lei do valor, e menos ainda a lógica burocrática e heterogestionária de organização social, ou seja, permanece intocada a divisão social e hierárquica do trabalho (ou até mesmo tal relação de dominação é aprofundada).

Para Mészáros, em concepção, ao nosso ver, bastante próxima (obviamente com bases argumentativas diferenciadas) a URSS aboliu o capitalismo enquanto formação social, mas não aboliu ou superou o capital enquanto lógica estruturante, logo, ainda que a mediação da propriedade privada tenha sido, digamos, anestesiada pela propriedade estatal, as outras duas mediações de segundo grau, o intercâmbio mercantil e a divisão hierárquica do trabalho, continuaram a estruturar esse tipo de sociedade. Dessa forma, a lógica de acumulação (expressa na corrida militar e nos altos privilégios da elite dirigente), a divisão de classes e a própria alienação e opressão sobre o trabalho no seu processo produtivo mais imediato (mediação do homem com a natureza), além de muitos outros elementos problemáticos de dominação (nenhum respeito à vida dos seres humanos ou ao direito de questionamentos, por exemplo) permanecem sem nenhuma mudança substantiva.

Em que pese o provável esgotamento histórico dessas duas vertentes – reformismo e estatismo – há que se aprender, e muito, com tais experiências históricas, que apontam importantes virtudes, como a planificação econômica global e os benefícios sistêmicos da igualdade, mas que também revelam várias problemáticas na luta pela superação da opressão do capital, principalmente se não forem revertidas as suas mediações elementares.

Por sua vez, enquanto nenhum dos dois caminhos anteriores colocou, como ponto fundamental a ser enfrentando e superado, a divisão social e hierárquica do trabalho, o **movimento da economia solidária**, retomando em parte o movimento cooperativista, elege como seu principal elemento constitutivo a **autogestão**. Porém, esse preceito fundamental também merece algumas ponderações.

Conforme nosso último artigo, elaborado em parceria e publicado na revista *Organizações e Sociedade* ("As contradições do processo de autogestão no capitalismo: funcionalidade, resistência e emancipação pela economia solidária") (2010), analisamos de forma crítica e dialética o movimento da chamada Economia Solidária, questionando até que ponto há, de fato, a construção de uma nova forma de organização o trabalho, no horizonte da autogestão social e emancipação da classe obreira.

Sem dúvida esse movimento possui uma importante base social, aglutinando vários atores sociais, trabalhadores, movimentos sociais, como também ativando algumas políticas públicas, ou seja, conquistando algumas parcelas do fundo público.

Dentro do mesmo movimento, há também inúmeros indícios de retrocesso ou funcionalidade de tais iniciativas, frente aos imperativos de acumulação do capital.

Entretanto, argumentamos que tais contradições não podem ser vistas tão somente como falhas dos indivíduos ou grupos que buscaram ou buscam alguma forma de auto-organização, mas são frutos do próprio processo de se, digamos, experimentar algum tipo de autogestão, ainda que meramente formal ou marginal, dentro do contexto socioeconômico capitalista. Logo, temos um processo cuja contradição é inerente, com isso, novas subjetividades são criadas e recriadas no mesmo movimento que também as bloqueia ou mesmo aniquila.

Mesmo que aparentemente seja um ciclo vicioso ou uma verdadeira armadilha estrutural, na essência cada novo experimento ou desnunda as engrenagens da dominação capitalista, ou inventa algum instrumento ou meio de resistência.

É justamente observando, atentamente, o conjunto de críticas, conquistas e também retrocessos, é que arriscamos construir um argumento alicerçado num ponto fundamental, qual seja, a instituição organizacional cooperativa não é um empreendimento proto-socialista, mas sim pré-capitalista; isso do ponto de vista da sua estrutura, mas é necessário reconhecer, enquanto resultado da organização de trabalho, como igualmente um elemento pró--trabalho associado. Conforme muitos críticos já evidenciaram, com destaque para Rosa Luxemburg (2005) e Maurício Tragtenberg (2003), a evolução "esperada" de uma cooperativa, devido a sua fragilidade estrutural, é a de vir a se tornar uma empresa capitalista como outra qualquer, pois este acaba sendo o seu caráter "latente", logo, não se trata, de forma alguma, de algum tipo de "degeneração".

Isso ocorre porque vários elementos estruturantes do capital também estão contidos nas cooperativas. Continua a primazia da propriedade privada dos meios de produção, pois ainda que não haja o proprietário individual, temos a figura de um "proprietário coletivo", mas um coletivo restrito a grupos de associados, que tentem a competir entre si, pois não temos um sistema de trabalho coletivo plenamente integrado, mas sim um conjunto de unidades produtivas (chamadas cooperativas), que estão desconexas, logo, flutuam sobre a lógica e os imperativos do valor de troca, ou seja, os empreendimentos econômicos solidários (ou núcleos de trabalho associado) estão integrados entre si pelas mediações alienadoras do capital.

Com isso, também se mantém o segundo eixo das mediações de segundo grau, o intercâmbio comercial com a finalidade de acumulação. Somando-se a estes dois primeiros fatos, e de certa forma determinado por eles (propriedade privada de grupos e intercâmbio mercantil), temos ainda a sustentação de uma divisão social e hierárquica do trabalho.

Como consequências de tais constrangimentos, quaisquer tentativas de autogestão, ainda que válidas e fruto dos anseios dos trabalhadores de superarem sua condição de mercadoria subordinada, são iniciativas que estão em contradição direta com o contexto socioeconômico que as sustentam, logo, com poucas condições materiais, neste momento histórico, para se consolidarem ou mesmo avançarem.

Por sua vez, o **movimento da economia solidária,** na nossa leitura, ao mesmo tempo em que se apoia na forma organizacional de cooperativas, também evidencia essa mesma tensão e subordinação (mesmo que nem sempre isso seja claramente percebido pelos seus sujeitos), face aos mecanismos de dominação impostos pelo sistema orgânico do capital.

Não é por acaso que vários movimentos e iniciativas, no contexto da proposta de economia solidária, buscam reiteradamente inventar novos elementos de sustentação, indo além do processo imediato de trabalho e produção, com destaque à criação de moedas sociais, cooperativas de crédito, novas tecnologias sociais, mecanismos para se constituir uma espécie de redes inter--organizacionais ou redes solidárias, entre outras iniciativas. O livro *A outra economia* (CATTANI, 2003), uma espécie de dicionário dos novos conceitos e elementos da economia solidária, demonstra muito bem tal diversidade.

Logo, tal movimento contraditório, da proposta de economia solidária, se por um lado indica pontos de acomodação, colocando os empreendimentos ditos solidários na condição de funcionalidade ao sistema orgânico do capital (devido ao seu isolamento e fragmentação do ponto de vista dos trabalhadores e integração do ponto de vista do capital), por outro lado, também forçam outros formas/meios de resistência e inovações sociais. É justamente nesse ponto que pretendemos evidenciar que: os **movimentos contraditórios, de enfrentamento ao sistema orgânico do capital, podem, numa lógica e estratégia dialética de enfrentamento direto, se converter e convergir num Sistema Orgânico do Trabalho.**

Parte 2

Sistema Orgânico do Trabalho: elementos constitutivos

> *Dado que a alternativa necessária à ordem social inerentemente destrutiva do capital deve ser um sistema orgânico qualitativamente diferente, só um sistema comunal de produção pode realmente qualificar esta questão. (Mészáros, 2008)*

Tendo em vista todas as questões apontadas anteriormente, com destaque à instabilidade que as contradições do capital promovem, inclusive o risco crescente, como reiteradamente aponta Mészáros (2008), de colocar a própria sobrevivência da espécie humana à beira do precipício, isso sem falar no tempo presente, das tragédias diárias que sofrem todos os dias as pessoas sem acesso a condições mínima de vida, como também no passado, em relação às disputas por territórios e outras formas de dominação (gerando toda a sorte de conflitos e guerras), crises econômicas e desumana desigualdade material, social, de gênero e outras formas de segregação. Tudo isso aponta para um futuro ainda mais temeroso, aonde temos ainda a inclusão de vários riscos de esgotamento do ambiente e dos sistemas ecológicos que permitem a vida humana (esgotamento dos recursos hídricos, poluição do ar, instabilidade no clima, contaminação dos solos, só para citar os mais evidentes).

Também vemos, no mínimo, com certa reserva, as alternativas postas, muitas das quais, num jogo de disputa e enfrentamento muitas vezes confuso, defensivo, ou num cenário mais pragmático, fisiológico (ou seja, literalmente adquirir vantagens pessoais com problemas sociais), acabam por reiterar as mesmas práticas de dominação, segregação, dominação patriarcal e hierárquica, e não raramente de dominação econômica. Não obstante, várias alternativas se inserem de forma extremamente pontual e individualizada, na lógica louvável (mas insuficiente) de "fazer a minha parte", porém, sem visão de conjunto ou de totalidade, e sem a percepção que, na lógica do intercâmbio mercantil (ou do valor de troca), um caso de "sucesso" significa o "insucesso" para muitos outros (seja pessoas, seja empreendimentos).

Dessa forma, reforçamos aqui vários apontamentos de crítica social que, para reverter o estabelecido, é necessário uma perspectiva sistêmica totalizante. O termo totalizante aqui diz respeito a um sistema de organização da produção que não seja fragmentado e individualizado, mas **sim orgânico (a partir de uma integração econômica e material plena) e progressivamente global ou como um sistema comunal**, e não no sentido totalitário de dominação, ou outras formas de controle hierárquico, de um ou de mais indivíduos sobre os demais.

Apesar da perspectiva globalizante, que um sistema orgânico do trabalho deve, necessariamente, abranger, este pode ter seu ponto de ruptura inicial localizado num determinado território ou espaço, desde que já tenha, numa primeira configuração (mesmo que local ou micro), **elementos e dinâmicas capazes de reverter as mediações de 2º grau do capital** (que veremos com mais detalhes no item seguinte).

Neste aspecto em especial – a possibilidade de uma inflexão a partir de um núcleo local irradiador – há que se ponderar algumas questões: Primeiro é preciso compreender que um sistema dominante (ou hegemônico) ganha essa condição muito mais pela qualidade do conjunto de relações sociais estabelecidas do que pelo seu "tamanho ou abrangência". Nesse sentido, podemos afirmar que as experiências atuais da economia solidária são uma espécie de subsistema subordinado à formação social capitalista, isto porque a sua forma de integração econômica e material é constituída pelas mediações (relações sociais) do capital. Dessa forma, mesmo que sua quantidade e abrangência cresçam consideravelmente (até mesmo ganhando certa relevância econômica), pouco ou nada mudaria do ponto de vista das dinâmicas alienadoras do capital.

Essa situação muda radicalmente quando são criados elementos e dinâmicas de mediação/integração próprios ou adequados à lógica do trabalho associado. Ainda que suas primeiras manifestações sejam no micro ou, reforçando, em apenas um local ou núcleo irradiador, se este núcleo (uma comunidade, assentamento ou território) conter uma força produtiva (no sentido amplo, ou seja, capacidade mínima de produção e um conjunto de trabalhadores na condição de produtores associados) e relações sociais pró-trabalho associado, não podemos mais falar simplesmente de um subsistema completamente subordinado, mas sim de um novo eixo de integração e aglutinação relativamente subordinado.

Nesta lógica, trata-se de certa forma de um novo bloco histórico, que obviamente precisa ter seu ponto inicial, porém mais importante que ser um "ponto inicial" é instituir uma dinâmica relativamente autossustentada, ou seja, temos uma ambiguidade proposital e necessária: por um lado uma relativa subordinação a sociedade capitalista, por outro lado, uma relativa autonomia do trabalho associado para a constituição de um sistema orgânica comunal. Essa ambiguidade do movimento (e não do projeto político) teria um tipo de membrana "capitalista" semipermeável (utilizando o mercado capitalista e a propriedade privada, duas instituições do capital, como ponto de resistência "externa" a este sistema comunal, enquanto internamente se desenvolvem meios de autossustentação pós-capital), com este arranjo de transição entre dois sistema orgânicos (do capital para o do trabalho) viabiliza-se um processo no qual um subsistema incipiente sobreviva frente ao sistema hegemônico dominante, para que, na medida em que se ganha abrangência e qualidade, ao contrário de sua assimilação e diluição ao bloco dominante (no caso de um subsistema fragmentado e plenamente subordinado), sua dependência frente às dinâmicas capitalistas decrescia na mesma medida que sua consistência interna fosse se afirmando e ganhando densidade nas novas relações sociais criadas. Veremos tais dinâmicas com maiores detalhes na parte 3 deste livro.

Igualmente vemos que os movimentos de luta pela reforma urbana, reforma agrária, direitos humanos, igualdade de gênero, defesa da biodiversidade, defesa dos povos da floresta ou povos tradicionais de certa forma também se articulam como resistência às mediações de segundo grau do capital, logo, suas problemáticas também são parte inerente no processo de reversão de tais mediações, que estaremos detalhando melhor na sequência deste capítulo.

O leitor atento poderá observar que, à primeira vista, não há nada de novo nas propostas que estamos evidenciando. E de fato não há, do ponto de vista das questões e elementos indicados e discutidos aqui. Nossa contribuição diz respeito tão somente à necessidade de recombinar e rearranjar alguns mecanismos de luta e enfrentamento, e destacamos que tais elementos já foram "inventados" pelos trabalhadores, faltando, talvez, um arquitetura crítica que lhe potencialize e retire, do próprio trabalho, as condições para sua plena emancipação social, econômica e política.

~: 1 :~
A PRÁXIS DO TRABALHO ASSOCIADO: DA FUNCIONALIDADE PARA A REVERSÃO DA ALIENAÇÃO DO CAPITAL

Para uma efetiva transformação social, um dos argumentos centrais desta comunicação evidencia que não basta tomar o poder "político", e com isso assumir o controle do aparelho do estado, das empresas e outras instituições, se não for modificada a essência do capital enquanto relação social subordinada e alienante, sustentado por suas mediações de 2º grau.

Sem essa mudança dos fundamentos de sociabilidade, é como se o "DNA" do capital ainda estivesse "vivo" nas relações sociais elementares de um tipo de sociabilidade e, com isso, muitos dos seus elementos de alienação continuariam sendo reproduzidos, anulando dessa forma qualquer tentativa de controle de, e sobre, um

Estado Burocrático (para uma suposta sociedade não capitalista), ou mesmo por fim tem-se a reconversão de quaisquer instituições reformistas ou pós-capitalistas para a sua condição anterior.

Nesse sentido, questionamos até que ponto é válida uma questão colocada recorrentemente na tradição marxista, qual seja: "Há uma impossibilidade de emergência e desenvolvimento de novas relações de produção no interior do capitalismo". Na nossa concepção, talvez essa problemática esteja invertida, ou seja, não poderíamos afirmar, outrossim, que na realidade *há uma impossibilidade (ontológica) de emergência e desenvolvimento de novas* **instituições** *dentro das mediações (alienadoras) do* **capital**?

Dessa forma, ao contrário de se buscar a hegemonia política pelo alto (a partir do controle sobre o aparelho do estado) e, num segundo momento, instituir também pelo alto (burocraticamente) novas relações sociais de produção, advogamos que, no mínimo, seria relevante discutirmos uma alternativa de luta ontologicamente distinta.

Ora, se a opção for, desde o primeiro movimento ou embate, reverter tais mediações do capital, para uma estrutura societal oposta, e criar, a partir e com essa base, movimentos e instituições suficientemente consistentes de novas relações sociais, a aposta passar a ser não mais a de um confronte direto (ou mesmo violento) com as instituições e personificações pró-capital, mas sim um espaço de opção humana e expansão dialética pós-capital (não autoritário)! Não estariam aí, de fato, dinâmicas de transformação a partir da construção coletiva de uma hegemonia de baixo para cima (a partir de novas relações socais em crescente aglutinação), e com isso, efetivamente não alienadoras, logo, emancipadoras?

De fato alguns poderem "classificar" tal perspectiva, não violenta, de idealista! Porém, não seria igualmente idealismo (no sentido de compreensão superficial de uma realidade) crer que somente pela luta violenta se terá emancipação social? Como se o confronto violento não reforçasse reações, ressentimentos, autoritarismos, ou seja, ele não é em si "alimento" para a lógica destrutiva do capital?

Longe de nos atermos apenas às diferentes manifestações fenomenológicas de uma sociedade capitalista, na qual a luta de classes é uma delas, especialmente levando-se em conta que são seres humanos que, por diversos motivos, ora personificam os valores e a "defesa" do capital, ora personificam os meros "vendedores" da mercadoria que criam valor (e com isso, nem sempre luta de classes significa luta contra o capital, mas luta entre os humanos pela apropriação de parcelas da valorização do capital), é necessário aprofundar mais nas raízes ou, como preferimos aqui denominar, nos fluxos estruturantes de tais relações de dominação e subordinação.

Nessa perspectiva, refletimos que mais importante que a luta com pessoas ou classes é a luta contra os mecanismos e dinâmicas que criam tais antagonismos e fomentam o conflito entre os humanos.

Dessa forma, além de pensar estruturas e instituições, é fundamental e decisivo compreender os fluxos que estruturam tais estruturas e instituições, ou seja, as mediações de 2º grau que formam o homem como ser social.

Segundo Mészáros (2006), o capital é estruturado por meio de três mediações de 2º grau, a saber:
- A propriedade privada dos meios de produção;
- Intercâmbio comercial, que submete o valor de uso à lógica de acumulação do valor de troca;
- A divisão social e hierárquica do trabalho.

Por sua vez, o movimento da economia solidária, em que pese seu caráter atual de subordinação, logo, funcionalidade ao capital, a sua práxis não apresenta somente essa realidade, ela também vem a questionar diretamente aquelas três mediações do capital.

Aqui estamos propondo uma análise dialética dos movimentos pelo trabalho associado no campo da chama economia solidária, de tal forma a rejeitar que seja um movimento de ruptura, e também de rejeitar que seja um movimento somente de funcionalidade ao estabelecido.

Ao contrário de tais avaliações, advogamos que um olhar mais atento à práxis da economia solidária revela que ela, no sua resistência aos imperativos do capital, ao mesmo tempo em que busca meramente se adaptar, também está a questionar, diretamente, os fundamentos elementares do capital, nos seguintes termos:

1. Frente à mediação da propriedade privada dos meios de produção, busca-se a propriedade coletiva ou comunitária;
2. Frente à mediação mercantil, busca-se um conjunto de inovações e articulações de resistência, tais como a criação de moedas sociais, sistemas de comércio justo ou solidário, redes ou clubes de trocas, redes de ajuda mútua, crédito solidário;
3. Frente à mediação da burocracia heterogestionária, busca-se formas de organização baseadas nos preceitos da autogestão.

Porém, também é necessário observar que tais questionamentos não conseguem, ainda, ter consistência suficiente para um movimento efetivo de enfrentamento/reversão, isso devido às ambiguidades presentes em cada uma dessas dimensões, conforme já ressaltamos anteriormente, e agora detalhamos melhor:

1. Na busca da propriedade coletiva ou comunitária, tem-se a ambiguidade de múltiplas e fragmentadas formas de "propriedades coletivas", cada qual assumindo então a função de "propriedade privada de grupos";
2. Na busca por formas de intercâmbio solidárias, tem-se a sua subordinação aos fluxos dominantes de acumulação

mercantis, persiste então a fragmentação econômica (e integração via mercado) do trabalho associado;
3. Na busca pela autogestão, têm-se severas restrições ao campo decisório efetivo que sobra aos trabalhadores da economia solidária, como consequência das duas ambiguidades e fragmentações anteriores. Logo, há uma impossibilidade ontológica de autogestão efetiva ou plena, frente às mediações alienadoras do capital.

Face a este aparente impasse, arriscamos argumentar que talvez uma possível solução para tais problemáticas do trabalho associado estejam implícitas justamente nos seus problemas. Dessa forma, se as várias tentativas de auto-organização dos trabalhadores, no movimento da economia solidária, questionam as mediações do capital mas não tem força ou densidade suficiente para sua anulação e reversão, isto se deve às múltiplas ambiguidades que fragmentam tal campo. Aprofundando um pouco mais nesta análise, vemos que o trabalhador associado está, simultaneamente, fragmentado do ponto de vista econômico e material, e integrado do ponto de vista das mediações do capital. Logo, o encaminhamento que deriva de tal situação seria buscar meios de integração material e econômica plena do trabalho associado. Dito de outra forma, um sistema orgânico de auto-organização.

Neste caminho de integração material e econômica plena do trabalho associado, temos um horizonte histórico potencialmente em aberto para, no mesmo movimento/práxis, superar as ambiguidades e dispersão do trabalho associado e adensá-lo, numa perspectiva ontológica (ou seja, na construção efetiva de novas relações sociais de produção), para um enfrentamento direto aos fluxos estruturantes do capital (mediações de 2º grau).

Tal adensamento ontológico seria possível por meio de três novos conceitos (que são simultaneamente instituições e práxis), a saber:
1. Frente à ambiguidade das múltiplas e dispersas formas de propriedades coletivas ou comunitárias, a instituição de uma única **PROPRIEDADE ORGÂNICA**;
2. Frente à subordinação das múltiplas e fragmentadas formas de trabalho associado, aos fluxos de acumulação mercantis, a instituição de uma única **RENDA SISTÊMICA**;
3. Frente às insuficiências ou impossibilidade de formas de autogestão restrita ou pontual (a reduzindo como mero mecanismo gerencial e/ou participativo nas unidades de produção da mesma forma dispersas e fragmentadas), a instituição de uma **GOVERNANÇA AUTOGESTIONÁRIA** ou instituir meios para uma **AUTOGESTÃO SOCIETAL** (utilizamos aqui o termo "societal" e não "social", para evidenciar, de forma clara e explícita, o seu caráter necessário de totalidade).

Em cada uma dessas novas mediações, de caráter pró-trabalho associado e pós-capital, é possível um novo horizonte de inversão dialética da realidade atual, para uma qualidade/práxis ontologicamente oposta. Dessa forma, na sequência, essas novas mediações poderiam enfrentar e, à medida que avançam, anular as seguintes formações sociais e históricas do capital:
- **Propriedade Orgânica**, anulando a propriedade privada dos meios de produção;
- **Renda Sistêmica**, anulando a intermediação mercantil;
- **Autogestão Societal**, anulando a divisão social e hierárquica.

As instituições, chamadas aqui de propriedade orgânica e de renda sistêmica, seriam, digamos, os dois alicerces estruturantes elementares para sustentar um novo fluxo ou uma nova subjetividade na relação entre os humanos, pautada pela não hierarquia, não fragmentação e não dominação/opressão, ou seja, referenciados na **autogestão como sistema societal** (conjunto/totalidade) de autodeterminação dos trabalhadores/produtores associados.

O conceito de **Renda Sistêmica** diz respeito à plena **integração econômica** dos trabalhadores/produtores associados, na qual o resultado do conjunto determina a renda de cada um, de forma igualitária, e por sua vez, o esforço e autorregulação desses mesmos produtores associados determina o resultado ou a riqueza societal de todos. Simultaneamente a tais fluxos financeiros/econômicos, o conceito de **Propriedade Orgânica** diz respeito ao caráter coletivo/social do trabalho individual/concreto. Logo, trata-se de uma propriedade coletiva universal (não fragmentada), de todo o conjunto dos trabalhadores/produtores associados, agregando o estoque de meios de produção e bens coletivos, que não podem ser apropriados de forma privada e individual, uma vez que são resultado do trabalho cooperativo e coletivo, ou seja, uma **integração material** do trabalho associado.

Tais mediações de novo tipo não podem ser simplesmente idealizadas ou sugeridas como uma opção individualizada de pessoas ou grupos. Trata-se de eixos estruturantes para uma outra sociabilidade, logo, não de simples remendos ou melhorias inseridos dentro (e subordinadas pelo) sistema orgânico do capital, mas de um outro sistema social que rivaliza com este no sentido de superação.

Nessa perspectiva, não é possível, a rigor, um ponto de inflexão a partir de uma célula de pessoas, de ou alguns núcleos produtivos, ou mesmo de um movimento social ou político, mas sim a inflexão inicial para aquelas novas mediações somente seria viável já dentro de um outro sistema orgânico, ou seja, com estruturas, instituições e fluxos aglutinados suficientemente para sustentar um movimento de expansão interno que se autossustente, isso em termos de autonomia decisória nas dimensões fundamentais da reprodução social.

Para isso, seria necessário aglutinar, em um novo arranjo dialético, um conjunto estruturante de instituições e/ou organizações de sustentação dessa nova sustentabilidade, bem como os eixos produtivos básicos para as necessidades sociais. Como veremos na próxima parte.

Esse rearranjo institucional sem dúvida significaria também **autonomia territorial**, ou seja, a construção social de um **novo espaço de sociabilidade**. Mesmo essa autonomia territorial não se limitaria, na linha proposta aqui, em múltiplos espaços fragmentados, logo, sem possibilidades concretas de rivalizar com o sistema do capital, mas poderia assumir a configuração de um verdadeiro **sistema comunal,** conforme já apontado por Mészáros (2008).

Trata-se, enfim, de um **projeto político de aglutinação econômica e social do e para o trabalho associado**, objetivando lhe devolver suas forças produtivas, sociais e políticas atualmente alienadas.

~: 2 :~
REARRANJO INSTITUCIONAL E ORGANIZACIONAL

> *Por excelente que seja em seus princípios, e por mais útil que se mostre na prática, a cooperativa dos trabalhadores se circunscrita a um círculo estrito, se apenas alguns trabalhadores fazem esforços em proveito de sua pequena felicidade em seu benefício, então esta cooperação jamais será capaz de deter os monopólios que crescem em progressão geométrica; não será capaz de libertar as massas, sequer de aliviar de maneira perceptível o fardo de sua miséria. (...) Para que as massas trabalhadoras sejam alforriadas, a cooperação deveria adquirir amplitude nacional, e, em consequência, será preciso favorecê-la com meios nacionais* (MARX, *apud* GUILLERM & BOURDET, 1976, p. 28-29)

Interpretamos aqui essa famosa advertência de Karl Marx sobre as cooperativas, não como uma rejeição completa, mas uma ponderação estruturante fundamental: que a abrangência e os meios devam ser "nacionais". Por sua vez, é necessário um entendimento mais claro sobre o sentido de ser "nacional". Talvez o próprio contexto da frase nos ajude a decifrar um pouco melhor tal imperativo. Vejam que mais que relacionar o "nacional" à ideia de estado-nação, a questão colocada por Marx diz respeito às condições que a cooperativa dos trabalhadores deva ter ou constituir para contrapor, de fato, a dominação do capital, ou seja, sem isso, nos dizeres de Marx, *"então esta cooperação jamais será capaz de deter os monopólios que crescem em progressão geométrica; não será capaz de libertar as massas, sequer de aliviar de maneira perceptível o fardo de sua miséria"*.

Dessa forma, ressaltamos que a questão relevante aqui é menos a abrangência quantitativa/espacial, e mais precisamente a densidade organizacional e institucional criada pelo trabalho associado, ou seja, "meios nacionais" podem ser perfeitamente lidos como mediações adequadas ou fluxos estruturantes que abrangem todas as dimensões da reprodução social. Dito de outra forma, um sistema societal que tenha condições objetivas e ontológicas suficientes para rivalizar com o sistema societal do capital ou sua formação social capitalista.

Tal sistema societal pós-capital e pró-trabalho associado abrangeria as três novas mediações proposta aqui (ou mediações de reversão/anulação dos fundamentos do capital), PROPRIEDADE ORGÂNICA, RENDA SISTÊMICA E AUTOGESTÃO SOCIETAL, constituindo assim um **Sistema Orgânico do Trabalho.**

Para que seja possível sustentar tais mediações estruturantes de um Sistema Orgânico do Trabalho, avaliamos que não seria factível ou adequado (face aos imperativos hegemônicos atuais) de se criar um novo marco jurídico institucional, pois seria como desenhar uma proposta sem um marco de luta anterior (ou pior, sem uma base social que lhe dê materialidade), logo, pouco provável que tenha condições sociopolíticas suficientes ou mesmo que fure as diferentes barreiras de um Estado umbilicalmente vinculado à lógica do capital, logo, um aparelho burocrático por excelência.

Porém, é igualmente importante reconhecer que, no campo do trabalho associado, não estamos no "ponto zero" de luta.

Há importantes acúmulos (em termos de lutas, experiências, inovações institucionais, conhecimentos, coletivos e movimentos) que vão desde os primeiros ensaios dos chamados "socialistas utópicos", até um conjunto relevante de práticas e tentativas de trabalho associado autogestionário, relatadas com grande propriedade na tese de doutorado do professor Maurício Sardá de Faria, publicada no livro: *Autogestão, cooperativas, economia solidária: avatares do Trabalho e do Capital* (2011), passado pela experiência da Comuna de Paris, coletivizações na Espanha, revolução dos cravos, a "autogestão" estatal na Iugoslávia (ver livro participações e participações), o próprio cooperativismo histórico (inaugurando um importante marco institucional) até a nossa realidade contemporânea, com a formação do movimento da economia solidária. Nesta alguns autores (SINGER, 2003; GAIGER, 2004; FRANÇA FILHO & LAVILLE, 2004; MANCE, 2003; BENINI, 2003, 2008, 2010; DAGNINO; NOVAES, 2007) conceituam o movimento dos trabalhadores que criarem formas de trabalho associado como sendo uma espécie de economia solidária. Para Singer (2003), esse tipo de economia seria um modo de produção e distribuição alternativo e contemporâneo, ao modo de produção capitalista. Vale lembrar ainda das lutas experiências de educação democrática e trabalho associado nas fábricas recuperadas e no movimento dos trabalhadores rurais sem terra, conforme indica valiosos estudos dos pesquisadores Henrique Novaes (N0VAES, 2010), Neusa Maria Dal Ri e Candido Giraldez Vieitez (DAL RI; VIEITEZ, 2008).

Levando em conta todos esses valiosíssimos acúmulos, ou mesmo a partir desta crucial base, é que a viabilidade de um sistema orgânico do trabalho pode ser vista como algo, historicamente falando, em construção e, além disso, advogamos que já existem condições para um novo processo de enfrentamento.

Obviamente que não estamos falando de uma imediata revolução no sentido corrente do termo (toda uma população ou todos os trabalhadores, organizado por um projeto ou partido político, tomando o poder político e econômico de forma acelerada no tempo). Falamos aqui da possibilidade de convergir e aglutinar movimentos, trabalhadores e intelectuais comprometidos com a emancipação, para a criação de um ponto de inflexão ou materialização de um núcleo fundador e irradiador do sistema orgânico do trabalho.

Nessa perspectiva, provavelmente seria mais oportuno, a partir de um projeto político, recombinar alguns elementos-chave, já criados na luta concreta dos movimentos e demandas sociais pela trabalho associado, aproveitando o arcabouço jurídico resultante e conquistado de tais embates e inovações, porém sob uma lógica estruturante de outro tipo: integração plena do trabalho associado e pós-capital.

Dessa forma, para viabilizar o conceito estruturante de **Propriedade Orgânica**, estamos propondo a criação de uma "fundação estruturante antipropriedade" e, para dar materialidade ao conceito estruturante de **Renda Sistêmica**, a instituição correspondente se daria na forma de uma "cooperativa de crédito", que ganharia a denominação de "caixa de mediação financeira".

A partir deste primeiro ponto de inflexão, inicia-se uma nova práxis aglutinadora do e para o trabalho associado, e tal processo, na mesma medida em que se tem uma expansão quantitativa (abrangência produtiva e territorial; adesão de empreendimentos e trabalhadores; inclusão de segmentos e cadeias produtivas) e uma expansão qualitativa (criação de novas instituições de sustentação), também se está adensando, e com isso, concretizando, uma autêntica **Governança Autogestionária**.

A partir de tal ponto de inflexão, que funda um novo tipo de expansão/aglutinação, os chamados Empreendimentos Econômicos Solidários (EES) poderiam ser inseridos no Sistema Orgânico do Trabalho num duplo movimento, de "fragmentação do capital", e de "integração do trabalho", ou seja, a propriedade jurídica dos meios de produção passaria a pertencer a fundação estruturante antipropriedade, e os fluxos econômicos e financeiros, as suas rendas, sobras, retiradas etc. passariam a ser "geridas" pela caixa de mediação financeira, logo, os trabalhadores dos EES passam para a condição de trabalhadores/produtores associados e o próprio EES passa a ser ressignificado como um "**eixo produtivo**".

Além de tais instituições estruturantes elementares, ainda caberia a necessidade de um tipo de sustentabilidade ampliada, no sentido de abranger progressivamente os diferentes aspectos da reprodução social, como, citando um ponto crucial, a instituição de um novo marco de formação e produção científica e tecnológica. Na mesma problemática já explicitada pelos estudos e propostas no campo da Tecnologia Social (DAGNINO, 2009).

Por isso, seria de suma importância, para um sistema que, além de "novo", já surge em um contexto hostil (sociedade capitalista), também a criação, tão logo quanto possível, de outras duas instituições: a Universidades Libertárias e Núcleos Comunitários de Base.

Dessa forma, a partir da materialização das três novas mediações: propriedade orgânica, renda sistêmica e autogestão societal, e a criação de duas novas instituições, universidade libertária e núcleos comunitários, forma-se uma **arquitetura crítica** (figura 1) aonde estão presentes tanto elementos estruturais elementares (mediações), como alguns elementos superestruturais estratégicos de reprodução ampliada (instituições), viabilizando dessa forma um movimento autossustentável interno a partir destas duas codeterminações (superestrutura e infraestrutura).

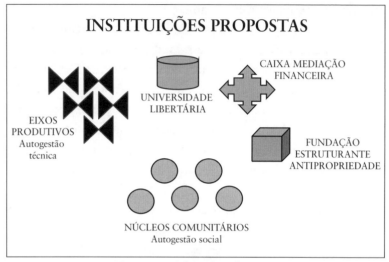

Figura 1 – Elaborado pelo autor.

Na sequência, e explicando melhor cada uma dessas inovações, detalhando assim a arquitetura elementar de um sistema orgânico do trabalho, passamos a explicar com maiores detalhes o formato e o conteúdo deste novo arranjo institucional, combinando possibilidades abertas ou já existentes com uma perspectiva que contraponha a essência do capital.

I. FUNDAÇÃO ESTRUTURANTE ANTIPROPRIEDADE

Proudhon já tinha afirmado, em certa passagem das suas reflexões, que precisamos "**usar a propriedade contra a propriedade**". Nessa perspectiva, em que pese o uso ostensivo, e com os mais variados propósitos que uma fundação venha a ter, acreditamos que essa figura organizacional "fundação", cuja definição jurídica reza que "se trata de um patrimônio vinculado a um propósito ou finalidade", pode ser ressignificada e reconfigurada para anular uma das mediações de 2º grau – a propriedade privada dos meios de produção.

Dessa forma, para que uma Fundação Estruturante Antipropriedade materializa o conceito de propriedade orgânica, seu conteúdo e propósito abrangeriam as seguintes funções:

- Base patrimonial de todo o **sistema comunal** (ou de todo o Sistema Orgânico do Trabalho), abrangendo a totalidade do estoque de riquezas (edificações, máquinas e equipamentos ou outros meios de produção, base fundiária ou territorial, e assim por diante). Explicando melhor, ao contrário da acumulação privada, que se alimenta da própria destruição ou obsolescência de mercadorias, para extrair mais riqueza de outros agentes (na produção expropriando trabalhadores, na circulação ou intercambio comercial expropriando consumidores/trabalhadores ou outros agentes econômicos), aqui temos outra lógica: a **de estoque orgânico de riqueza social**. Logo, passa a ser desejável (ou mesmo necessário) todo o ganho em termos de utilidade, qualidade, manutenção, pois não há outro meio de se conseguir riqueza, senão pela produção do próprio conjunto, não havendo nenhum motivo para "destruir" um estoque, pois esta ação em nada acrescentaria em valores (como seria "normal" na lógica do valor de troca), mas, ao contrário, empobreceria todo o conjunto.
- Não se caracterizar numa propriedade privada típica, mas sim num tipo de "propriedade" coletiva universal e indivisível, que chamamos de **antipropriedade**. Ao contrário do fundo indivisível de uma cooperativa, ela não se caracteriza por uma simples garantia de preservação de uma organização, frente à possível saída de associados, mas um elemento

estruturante de todo um sistema de produção e circulação de riqueza social (e não apenas de fluxos de valor de troca subordinados aos imperativos de acumulação "ilimitada", como se encontra atualmente o movimento cooperativista).

- O estatuto da **Fundação Estruturante Antipropriedade** deve determinar, de forma constitutiva, que todo o fluxo financeiro é "doado" (ou pertence) a caixa de mediação financeira, criando e estruturando um elo ontológico de sustentação para o propósito de um sistema orgânico do trabalho.

II. CAIXA DE MEDIAÇÃO FINANCEIRA

A forma jurídica assumida pela Caixa de Mediação Financeira é a de uma cooperativa de crédito. Sua função primordial diz respeito a organizar todos os fluxos econômicos/financeiros do Sistema Orgânico do Trabalho – SOT, sustentando uma lógica de sinergia, distribuição da riqueza tanto de forma coletiva: um estoque de riqueza que traga benefícios para todos os integrantes da comuna; como também na perspectiva do indivíduo, que precisa de alguma liberdade para escolher seus estilos e modos de vida, por meio de uma renda própria e não subordinada, que na lógica de um sistema orgânico passa a ser qualificada e sustentada como "**renda sistêmica**".

A **renda sistêmica** significa a exata integração entre o consumo coletivo (bens e serviços compartilhados), consumo individual e investimentos produtivos, com os fluxos de riqueza coletivos. Da mesma forma que no campo do cooperativismo as "retiradas" dos associados dependem do resultado da cooperativa na qual estão inseridos, a renda sistêmica individual que cabe a cada trabalhador/produtor associado ao SOT está diretamente vinculada ao produto global deste mesmo sistema. A partir disso, a cada item que o produtor associado ao SOT, agora na condição de "consumidor associado individualizado", opta, ele também terá o entendimento, junto e reforçado pelo fato concreto, de que a sua escolha interfere diretamente na sua renda, uma vez que esta agora é sistêmica. Por exemplo, ao se "consumir" uma laranja produzida na comuna, é como se ele tivesse também induzindo sua própria renda futura, pois mesmo que gaste 10 unidades de valor, isso pode reverte em outros 10, 15 ou mais (conforme o efeito multiplicativo) de renda sistêmica. Ao passo que, ao consumir uma "mercadoria" típica do capital, ainda que seja mais "barata" à primeira vista, em nada contribui para a sua melhoria material no longo prazo. Com isso, não se trata apenas de uma escolha ética e moral, conforme reza os ideais de comercio justo, mas a própria essência deste novo tipo de circulação e retroalimentação de riqueza social, com impacto material direto e explícito.

Um dos meios para se efetivar essa integração talvez seria a instituição de uma moeda social (vale registrar que, em alguns debates sobre os implicações da renda sistêmica, constatou-se que seus efeitos podem ser de tal intensidade, que talvez nem seja necessário criar tal moeda), com a função de garantir a recirculação interna das riquezas produzidas pela comuna, algo bastante próximo a algumas experiências de economia solidária, que já perceberam a necessidade e os benefícios de se "controlar" também a esfera da circulação. Porém, na lógica de um Sistema Orgânico do Trabalho, além de uma moeda social, temos aqui também a função de coordenação integradora dos fluxos de riqueza. Essa coordenação se expressaria em diferentes situações, nos vários tipos de "pagamentos", "compras", "investimentos" e na "consolidação da riqueza social", integrando o estoque patrimonial da Fundação da Comuna.

Em relação ao salário tradicional que o trabalho recebe enquanto mercadoria que vende a sua força de trabalho, a renda sistêmica teria duas diferenças explícitas e uma implícita. Explicitamente temos: a) sua variação conforme a maior ou menor produção, enquanto o salário muitas vezes se mantém nominal, porém, se desvalorizando em processos inflacionários de preços; b) nenhuma forma de diferenciação, uma vez que todos são "trabalhadores/produtos associados", ao contrário de uma sociedade salarial, onde as diferenças entre os menos e os maiores salários muitas vezes são colossais. Implicitamente deve notar que: c) a renda sistêmica reflete exatamente o que o trabalho, na sua manifestação/materialização coletiva, foi capaz de produzir, logo, não há nenhuma sombra de extração de mais-valia alheia.

Naturalmente que, de início, haverá a necessidade de um considerável intercâmbio com o sistema capitalista produtor de mercadorias. Tal necessidade precisa ser cuidadosamente planejada e pactuada, por meio talvez de percentuais decrescentes de intercâmbio no tempo, aumentando progressivamente a autonomia econômica e produtiva da comuna, e potencializando a sua riqueza, simultaneamente coletiva e individualizada, vamos discutir melhor este ponto na parte 3 do presente livro.

É também por meio desta cooperativa de crédito, que aqui adquire a **função estruturante de Caixa de Mediação Financeira,** que se estabelece **o vínculo formal dos trabalhadores com a Comuna,** porém agora na condição de "trabalhadores/produtores livremente associados", na mesma perspectiva que defende Mészáros (2006 e 2011).

 III. EIXOS PRODUTIVOS

Os eixos produtivos seriam as unidades de produção do SOT, organizadas em forma de cadeiras produtivas horizontais e verticais, formando assim cadeias sistêmicas. A rigor não teriam um estatuto jurídico próprio, uma vez que toda a sua dimensão material ou patrimonial pertence à Fundação Estruturante Antipropriedade, e todos os seus fluxos econômicos ou financeiros são articulados pela Caixa de Mediação Financeira. Como resultado desta combinação crítica, temos uma integração material e econômica pleno do trabalho associado, ou seja, um sistema orgânico.

Essa integração orgânica tem como propósito básico superar a realidade fragmentada e desconexa das múltiplas cooperativas de trabalho e de produção (inclusive de outras formas de associação produtiva dos trabalhadores).

Dessa forma, abre-se um novo horizonte histórico de possibilidades, praticamente impensáveis hoje dentro de modo de produção e destruição capitalistas. Entre elas, podemos desde já visualizar algumas elementares, como um efetiva integração logística que potencialize o trabalho e a qualidade da produção, bem como possibilite um planejamento integrado (inclusive, no médio e longo prazo, também numa perspectiva global) de todo o conjunto produtivo, reoriente a produção de objetos, uma vez que estes perderam a sua condição de mercadoria, são tão somente valores de uso, logo, ganha relevo sua qualidade, durabilidade, impactos sociais e ambientais e perde completamente o sentido qualquer tipo de obsolescência, redundâncias e não compartilhamento ou foco no "uso exclusivo" ou mesmo a rejeição a formas planejadas e ostensivas de manutenção e readaptação (um novo artefato tecnológico, por exemplo, um processador microeletrônico mais rápido, não precisa necessariamente levar todo um equipamento, como um *notebook*, para o lixo), como hoje é corriqueiro nas fábricas.

Para isso, seria necessária tanto uma autogestão imediata, na forma talvez de conselhos técnicos, como também espaços de autogestão coordenativos (indo de uma escala local, regional, até um horizonte global), na forma, por exemplo, de conselhos de produção integrados a cadeias produtivas, e ao consumo, ou a todo o conjunto produtivo, conselhos de inovação e investimento (uma ponte entre a produção e a Universidade Libertária, na perspectiva da adequação sócio-técnica), ou seja, uma autogestão progressiva e ampliada para as várias conexões necessárias para a produção da riqueza social, sendo inclusive o próprio formato técnico (por exemplo, uma ergonomia adequada ao trabalhador/produtor) de realizar a produção, também elemento dessa riqueza.

Ou seja, uma vez que não temos agora simplesmente trabalhadores assalariados (e vendendo sua força de trabalho), mas sim produtores associados, e com isso buscando os melhores meios de potencializar as condições de vida nas comunas do SOT, naturalmente que esta busca inclui também a qualidade do próprio processo produtivo. Logo, nesse tipo de sistema, ao contrário da lógica alienadora e fragmentada do capital, externalizar custos não é aceitável, pois reflete diretamente no resultado, orgânico, da comuna, depreciando a riqueza social devido a novos passivos e custos criados e suportados igualmente por todos os associados (doenças decorrentes do próprio trabalho, degradação ambiental, produtos de má qualidade).

Dessa forma, não apenas por uma demanda moral ou ética, mas também por um imperativo estrutural e econômico, os eixos produtivos estão organicamente vinculados à necessidade (ou mesmo ao imperativo) de se produzir valores de uso.

Portanto, vale destacar que, como vimos, os eixos produtivos não se caracterizam por uma propriedade, ou seja, formalmente o estoque direto de riqueza (meios de produção) são **"propriedade" da Fundação Estruturante Antipropriedade, os fluxos de renda e riqueza são "organizados" pela Caixa de Mediação** Financeira, e os investimentos e inovações tecnológicos, ponderados e deliberados no conselho das inovações e do conhecimento, vinculados à Universidade Libertária (próximo item).

Com isso, também desaparece a figura de sócios, funcionários, proprietários, etc... Todos são igualmente trabalhadores/produtores associados ao SOT, que precisam, por meio de convenções e estatutos ético-políticos (convergência de interesses e propostas), pactuar as múltiplas formas de autogestão do setor produtivo como efetivamente um todo. Logo, os eixos produtivos podem se combinar de infinitas formas, criando múltiplas cadeias produtivas.

 IV. UNIVERSIDADE LIBERTÁRIA

A instituição de uma "Universidade Libertária" seria outro ponto fundamental de sustentação de um Sistema Orgânico do Trabalho. Aqui o seu propósito não seria limitando na linha tradicional de ensino, pesquisa e extensão, ou na lógica de produção e reprodução do conhecimento, mas sim centrada na busca por meios de desalienação dos humanos, seja no desenvolvimento científico e tecnológico, seja nos diferentes espaços educativos, seja na própria formação cultural.

Consideramos que uma das primeiras experiências de "universidade libertária" no Brasil seria a Escola Nacional Florestan Fernandes. Não tanto pelo conteúdo ou tipos de cursos ofertados, mas, sobretudo, por ser uma escola dos trabalhadores para os trabalhadores.

Como um autêntico espaço de uma educação, em sentido amplo, para além do capital (MÉSZÁROS, 2002), a instituição "universidade libertária" abrangeria, de forma não dissociada e menos ainda hierárquica, as diferentes dimensões de produção e socialização do conhecimento, não como instrumento para a valorização do capital ou legitimação das ideologias dominantes, mas sim na perspectiva da emancipação plena dos humanos.

Essa perspectiva materializa-se tanto no processo de inovações ou novas tecnologias sociais, voltadas para uma adequação sócio-técnica dos eixos produtivos do SOT, viabilizando assim uma efetiva produção de valores de uso, como também nas relações sociais mais amplas, com a questão da cultura e da comunicação ou mesmo na tarefa histórica de superação da divisão entre formas de trabalho manual e formas de trabalho intelectual.

Dentre deste escopo, é possível pontuar algumas funções e propósitos que a universidade libertária (ou o conjunto delas) viria a desempenhar:

- Adequação Sócio-Técnica do setor produtivo e do consumo;
- Política Científica e Tecnológica vinculada a Política de Investimentos do Sistema Orgânico do Trabalho – SOT;
- Formação continuada, crítica, com autonomia plena (nova estrutura curricular que supere o isolamento dos conhecimentos e a subordinação do conhecimento à lógica de "profissões");
- Espaço permanente e livre de trocas, debates, socialização de conhecimentos, valores, práticas culturais, entre outros;
- Observatório da SOT (estudos analíticos, avaliações de desempenho sistêmico, discussões, ponderações e autocrítica);
- Comunicação e Jornalismo independentes (rádio, TV, outras mídias, com autonomia e liberdade de expressão).

Dessa forma, haveria vários espaços qualificados de trocas e diálogos, tanto de discussão, ponderações, análises, como também espaços deliberativos, especialmente no setor de investimentos e inovações técnicas e científicas, talvez na forma de um "conselho das inovações", diretamente integrado aos eixos produtivos, como uma espécie de órgão de planificação, dos investimentos produtivos, de abrangência sistêmica.

Entretanto, numa lógica orgânica de superação da divisão hierárquica e social do trabalho, seria ainda fundamental construir elos entre esses espaços (intercalando autonomia e autogestão com elementos ou práticas de coparticipação), potencializando assim a responsabilização e a prudência em cada esfera de atuação, bem como uma solidariedade organicamente integrada, a partir do próprio espaço decisório determinante da política científica e tecnológica de todo o SOT, dentro de uma efetiva governança autogestionária, conforme veremos adiante.

V. NÚCLEOS COMUNITÁRIOS

Outro arranjo institucional importante, para completar e potencializar um **sistema comunal pós-capital**, ou seja, uma formação social própria de um sistema orgânico do trabalho, diz respeito também às próprias condições de vida e convivência das pessoas, o que vai além da sua condição de produtores ou associados (ou, numa visão dialética, um tipo de vida social que enriqueça essas perspectivas).

Além disso, para contrapor, de forma o mais consistente possível, todas as formas de divisão social e hierárquica do trabalho, o próprio espaço de reprodução social mais imediato de vida humana também precisa ser preenchido e ressignifica, tendo como base organizacional a autogestão, na forma de **conselhos comunitários**.

Cada núcleo comunitário seria, portanto, auto-organizado e autodirigido por meio de um tipo de conselho comunitário, primeiro espaço deliberativo de prática da autogestão social.

O espaço de um núcleo comunitário seria algo próximo ao que temos hoje em termos de bairros, vilas, agrovilas, pequenas cidades ou distritos; e a primeira manifestação política deste tipo de governança comunitária estaria já sendo ensaiada em associações de moradores, por exemplo.

Como proposta inicial, poderíamos destacar aqui as seguintes prerrogativas e funções aglutinadas em um **núcleo comunitário**, nos seus primeiros arranjos e manifestações concretas:

- **Promoção de Saúde** – evoluindo daquilo que hoje conhecemos como postos de saúde ou centros de saúde básica ou saúde da família;
- **Ciclos Elementares de Educação** – integrado com a promoção da saúde, também aqui poderíamos ter a evolução, sob uma nova estética e proposta política e pedagógica, do que temos hoje do ensino básico e ensino médio, incluindo ainda creches e pré-escolas;
- **Espaços de Lazer, Cultura e Entretenimento** – tendo em vista que tais dimensões, dentro da lógica da educação para o capital, praticamente são residuais ou, não raramente, inexistentes no espaço de formação de crianças e jovens, ressaltamos que, a partir do momento que a vida humana ganha, de fato, centralidade, então novas inovações sociais igualmente ganham a sua devida importância e prioridade. Nesta perspectiva, o tempo e o espaço, no que diz respeito à formação de cada pessoa, também passaria (e sem dúvida permanece por toda a vida), pela dimensão cultural, não dissociada do lazer e do entretenimento (ou outras formas de fruição do "tempo livre"), numa formação e práxis desalienadora. Importante registrar que, na perspectiva do SOT, a redução global do tempo de trabalho necessário (devido às inovações tecnológicas) ganha de fato materialidade;
- **Mídia Comunitária** – nos dias atuais os grandes meios de comunicação, além de monopolizar o preenchimento do limitado tempo livre disponível, tendem, numa relação massificada e mercantilizada, a desvalorizar as relações humanas imediatas, construindo estereótipos e mistificando a compreensão de mundo a partir de uma única visão dominante (e sempre editada), criando-se assim um ponto de vista parcial que se apresenta como "válido universalmente". Logo, para fortalecer e valorizar a dimensão comunitária,

e não alienada, da vida social, é importante também que os núcleos comunitários tenha meios próprios de comunicação e divulgação das suas atividades e manifestações culturais, enriquecendo sua identidade e seu protagonismo na criação e recriação permanentes de modos e estilos de vida libertários (não subordinados à mercantilização da vida humana).

- **Preservação e Conservação Ecológica** – no núcleo comunitário seria fundamental a reconstrução do envolvimento homem e natureza, que de certa forma foi dissociado no processo de desenvolvimento capitalista (no qual a natureza é reiteradamente reduzida a um mero "insumo"). Várias ações podem ser articuladas neste sentido, desde uma nova educação ecológica e ambiental mais crítica e direta, até novos sistemas de autogestão das microbacias e microecossistemas, naturalmente em articulação com outros núcleos e/ou comunas, indo até a criação de instituições coordenativas de sustentabilidade de todo o conjunto dos ecossistemas.
- **Entreposto distributivo** – dentro de uma nova lógica de produção e distribuição, constituída a partir de um Sistema Orgânico do Trabalho, em substituição a todos os tipos de manifestações mercantis da esfera da circulação de produtos, seria necessário também inventar/criar outro espaço de realização do consumo material ou distribuição dos "valores de uso". A primeira manifestação dessa necessária reinvenção da distribuição de produtos (e não mais de mercadorias) pode ser observada nas atuais cooperativas de consumo, porém, essas ainda são pequenos ensaios perto de uma autêntica reinvenção de um novo sistema de distribuição, de cunho não mercantil e vinculado às dinâmicas do Sistema Orgânico do Trabalho.

~: 3 :~

GOVERNANÇA AUTOGESTIONÁRIA

> *A variedade de interpretações a que tem sido submetida a Comuna e a variedade de interesses que a explicam em seu benefício demonstram que era uma forma política perfeitamente flexível, diferentemente das formas anteriores de governo, todas elas fundamentalmente repressivas. Eis o seu verdadeiro segredo: a Comuna era, essencialmente, um governo da classe operária, fruto da luta da classe produtora contra a classe apropriadora, a forma política afinal descoberta para levar a cabo a emancipação econômica do trabalho.* (MARX, 1986)

Levando em conta as várias reflexões sobre a experiência histórica da Comuna de Paris, em 1871, com elogios do próprio Marx (conforme citação acima), não restam dúvidas de que tal experiência de auto-organização dos trabalhadores fundou preceitos-chave de uma governança autogestionária.

Em outra passagem, também no livro clássico *A guerra civil na França* (1986), Marx igualmente conclama a integração econômica do trabalho associado (produção cooperativa, nas suas palavras), a partir da abolição da propriedade privada dos meios de produção como instrumento de "escravização e exploração do trabalho, em simples instrumentos de trabalho livro e associado" (ou seja, na lógica aqui apresentada, em propriedade orgânica), vejamos abaixo:

> *A Comuna – exclamam – pretende abolir a propriedade, base de toda civilização! Sim, cavalheiros, a Comuna pretendia abolir essa propriedade de classe que converte o trabalho de muitos na riqueza de uns poucos. A Comuna aspirava à expropriação dos expropriadores. Queria fazer da propriedade individual uma realidade, transformando os meios de produção, a terra e o capital, que hoje são fundamentalmente meios de escravização e exploração do trabalho, em simples instrumentos de trabalho livre e associado. Mas isso é o comunismo, o "irrealizável" comunismo! Contudo, os indivíduos das classes dominantes, bastante inteligentes para perceber a impossibilidade de perpetuar o sistema atual – e não são poucos – erigiram-se nos apóstolos enfadonhos e prolixos da produção cooperativa. Se a produção cooperativa for algo mais que uma impostura e um ardil; se há de substituir o sistema capitalista; se as sociedades cooperativas unidas regularem a produção nacional segundo um plano comum, tomando-a sob seu controle e pondo fim à anarquia constante e*

às convulsões periódicas, consequências inevitáveis da produção capitalista – que será isso, cavalheiros, senão comunismo, comunismo "realizável"?
(MARX, 1986)

Entre as inovações levadas a efeito pelos protagonistas da Comuna de Paris, é oportuno recuperar suas principais, igualmente destacadas por Coggiola (2002, p. 12):
- Cargos coordenativos, não acumuláveis e revogáveis a qualquer tempo;
- Equalização das remunerações (especialmente na relação dirigente/operário);
- Negação e busca de superação de formas burocráticas estatais de dominação;
- Reforma nos sistemas educacionais;
- Organização de conselhos operários nas fábricas;

Fica claro que, a partir da análise de Marx e observando mais atentamente os elementos organizadores da Comuna de Paris, que é crucial para se materializar o autogoverno dos trabalhadores/produtores a questão da propriedade dos meios de produção, bem como a superação da divisão social e hierárquica do trabalho (burocracia estatal) e a superação da intermediação mercantil (que nesta passagem Marx denomina como anarquia constante e convulsões periódicas), que somente com uma "regulação nacional a partir de um plano comum" poderiam ser superados.

É nesse sentido que percebemos que, na atual configuração da economia solidária, os chamados empreendimentos econômicos solidários – EES – lançam mão de uma forma de autogestão extremamente limitada (BENINI; BENINI. 2010), restrita a poucos aspectos da gestão imediata de uma unidade de produção e pautada por inúmeros elementos "externos" (tais como preço de

mercado, distribuição nos mercados, tecnologias para gerar mais-
-valia, barreiras financeiras para o acesso a novos meios de produção, entre outros).

Situação diferente se desenvolve à medida que cada unidade de produção passa a estar, material e economicamente falando, plenamente integrada. As instituições da propriedade orgânica e da renda sistêmica são os fundamentos de tal integração, onde cada EES, ao se converter em um eixo produtivo do SOT, inaugura um novo conteúdo para a sua autogestão, se antes subordinada e restrita, passa a ter um horizonte societal, uma vez que, imediatamente a tal inflexão, uma série de novas questões passa a estar na "agenda" dos trabalhadores/produtores associados, indo desde a necessidade então criada de coordenação do conjunto dos eixos produtivos, passando pela questão dos investimentos e inovações científicas e tecnológicas, até aspectos mais amplos da reprodução social, como serviços coletivos básicos de saúde, educação, entre outros.

Dessa forma, as primeiras manifestações de um sistema de governança autogestionária se dão justamente nas unidades de produção, mas não mais como pontos dissociados, fragmentados e subordinados às mediações do capital, mas como pontos (eixos) de uma nova forma de organização do trabalho associado, aglutinada organicamente; logo, cria-se assim um novo processo ontológico de formação deste novo ser social: os trabalhadores na condição de produtores associados aos SOT.

Claro que não estamos propondo aqui o mesmo movimento da Comuna de Paris, ou seja, a tomada imediata do controle de várias instituições, pois advogamos, que, além de não ser necessário, seria contraproducente em relação ao objetivo de emancipação pleno dos humanos para além das mediações alienadoras do capital, conforme veremos na parte 3, ao discutirmos com mais propriedade as possíveis estratégias de implementação e enfrentamento.

A questão-chave aqui diz respeito a se viabilizar dinâmicas, ou mais precisamente fluxos estruturantes, nos quais, progressivamente, os trabalhadores/produtores associados possam, efetivamente, construir uma verdadeira autogestão societal, ou seja, um sistema pleno de governança autogestionária.

Sem dúvida a experiência histórica da Comuna de Paris já inaugurou vários elementos para uma governança autogestionária, cabendo então aos associados do SOT sua retomada sob bases e mediações mais consistentes.

Tal governança autogestionária teria como base metodológica um sistema deliberativo baseado na lógica de conselhos, e uma abrangência em progressiva expansão, desde os eixos produtivos (autogestão técnica imediata) até a construção de um sistema comunal de autogestão inter-territorial, conforme explicitado na sequência abaixo.

I. SISTEMA DE CONSELHOS

Talvez um dos principais dilemas de uma autêntica organização política do povo e para o povo esteja no processo decisório coletivo.

Os defensores da democracia representativa, em geral, argumentam sobre as dificuldades práticas (cujos custos seriam quase proibitivos) de uma democracia direta de massas.

Desde já rejeitamos tal assertiva. Para se ter uma democracia direta, não é necessário um processo decisório ostensivamente plebiscitário, no qual tudo mundo, a toda hora, precisa votar em tudo.

É perfeitamente possível conceber um processo decisório a partir de uma metodologia autogestionária (no sentido de transparência, não hierarquia e busca por consensos amplamente dialogados) e uma articulação societária dentro de um sistema de conselhos autogestionários.

Inclusive Martorano, no seu livro *Conselhos e Democracia: em busca da participação e da socialização* (2011), demonstra que um sistema de conselhos é parte constitutiva de uma autêntica democracia substantiva, concepção esta que concordamos plenamente, ou seja:

> *Pode-se afirmar que o desenvolvimento e a vitalidade dos conselhos seja um dos principais indicadores do avanço na implantação da nova democracia, e, ao contrário, que o seu declínio expressa o retorno de formas políticas típicas do capitalismo.* (MARTORANO, 2011, p. 45)

Dessa forma, um conjunto/sistema de conselhos seria parte inerente de um sistema orgânico do trabalho, materializando uma governança autogestionária dos trabalhadores/produtores associados neste sistema.

Para se conceber, e com isso, articular valiosos subsídios para sua construção, é importante recuperar toda a memória histórica das várias tentativas de se organizar o processo decisório do trabalho associado, especialmente na forma de conselhos.

Como já assinalamos, essas experiências estiveram presentes em várias lutas revolucionárias (na Comuna de Paris; ou na forma de conselhos operários, como foi o caso dos Sovietes na revolução russa), e até mesmo em formas mais atuais, como os conselhos gestores, setoriais ou consultivos, inseridos em algumas políticas públicas no Brasil.

Entretanto, há uma grande diferença substantiva entre conselhos inseridos dentro de um aparelho de estado burocrático, e conselhos enquanto instituições de **governança autogestionária**.

Dentro ou vinculados à atual formação histórica estatal, de caráter heterogestionário e burocrático, mesmo os conselhos ditos mais participativos, igualitários e até mesmo com funções deliberativas, ainda assim estes se apresentam de forma consideravelmente limitada, uma vez que é preciso considerar que o entorno social, político e cultural a esses conselhos não é propício a uma lógica de autogestão societal.

Em primeiro lugar, é preciso reconhecer que há a necessidade de se criar novas metodologias decisórias, de cunho autogestionário, uma vez que a nossa atual cultura organizacional está fortemente impregnada pela lógica heterogestionária e burocrática de controle e dominação, o que por si só implica, além de instrumentos, também práticas e condutas sociais centradas na ideia de necessidade inerente de "um chefe", sem o qual haveria (nessa concepção conservadora) desordem, bagunça, ou até mesmo o caos social.

Naturalmente que uma organização implica, necessariamente, coordenação e articulação, buscando envolver e orientar suas partes ou elementos constitutivos numa mesma direção e sentido e, com isso, criar sinergias e força coletiva.

Mas coordenar não é sinônimo de controlar ou de dominar.

Controle e dominação, no contexto das organizações, diz respeito a manter um tipo de ordem entre desiguais, logo, uma ordem de subordinação. Já a coordenação diz respeito a aglutinar diferentes processos e etapas, de forma a potencializar o todo por meio do melhor arranjo e organização possível das partes.

Nessa perspectiva de coordenação, haveria a necessidade de se criar e instituir múltiplos espaços participativos, ora de discussão e debates, ora deliberativos, ora por meio de convenções, mecanismos de revogação, de rodízio, de controle democrático, enfim, de se desenvolver plenamente uma autêntica **governança autogestionária – anulando, dessa forma, outra crucial mediação de 2º grau do capital.**

Outro ponto importante a ser discutido diz respeito às condições necessárias para o desenvolvimento de um sistema de conselhos, na perspectiva da autogestão societal.

Se por um lado os empreendimentos econômicos solidários, devido a sua existência estar vinculada, de forma subordinada, às mediações do capital, não possibilitarem um processo de governança autogestionária; por outro lado, não há necessidade de se assumir o controle das instituições existentes para isso.

A questão aqui é outra, a da fundação/construção de uma dinâmica na qual parcelas crescentes do produto social dos trabalhadores estejam sob o seu domínio. Naturalmente que a mera conversão de um EES para um eixo produtivo do SOT em quase nada mudaria a situação. Mas à medida que outros EES começam a se integrar organicamente, na mesma velocidade partes crescente do seu trabalho coletivo passam ao seu domínio. Neste processo, quanto mais eixos produtivos (setores econômicos e produtivos) e trabalhadores associados estiverem aglutinados no SOT, maiores e melhores são as condições para o desenvolvimento da autogestão societal.

Explicando melhor, o mero crescimento quantitativo de EES pouco modificaria sua subordinação ao capital, pois a forma de integração à articulação entre eles e seus respectivos trabalhadores é realizada pelas mediações alienadoras do capital. Dessa forma, em última análise, sua situação pouco difere dos demais trabalhadores que estão somente vendendo sua força de trabalho, para poderem obter, via mercado, meios de sobrevivência. Mesmo novos investimentos e maiores rendimentos ou melhores retiradas não mudam esta relação elementar.

Por outro lado, o crescimento quantitativo dos eixos produtivos do SOT traz consigo mudanças qualitativas também crescentes, uma vez que a cada nova adesão, se adensa os seus elementos de integração material e econômica. Nesta dinâmica, não temos somente ganhos de escala crescente e novas sinergias, mas também uma parcela igualmente crescente de elementos materiais e econômicos que estão, efetivamente, sob o controle dos trabalhadores/produtores associados.

Tal processo de expansão e adensamento vai, gradativamente, ativando e desenvolvimento uma série de dimensões daquilo que estamos denominando aqui de governança autogestionária, indo desde uma autogestão técnica mais imediata até formas de autogestão territorial.

II. EIXOS PRODUTIVOS: AUTOGESTÃO TÉCNICA E COORDENATIVA

Cada unidade de produção, na forma de eixos produtivos do SOT, materializa uma primeira dimensão da autogestão societal: a autogestão técnica imediata da produção.

Neste escopo, os trabalhadores/produtores associados deliberam coletivamente sobre as formas de produção da sua unidade, envolvimento em questões como tempo, ritmo, ergonomia, procedimentos, distribuição e rotação de tarefas, forma e qualidade dos produtos, economicidade de recursos, estoques, compras, distribuição, entre outros elementos.

Num segundo momento, a partir da integração material e econômica de outros EES, ampliando assim o conjunto dos eixos produtivos do SOT, surge a necessidade de inclusão de outras dimensões da autogestão societal, na perspectiva de coordenação produtiva.

São nos espaços de coordenação produtiva que os trabalhadores/produtores associados começam, efetivamente, a reverter a sua alienação, uma vez que passam a ter domínio crescente sobre a sua relação com a natureza, e com o produto do seu trabalho, duas das quatro dimensões da alienação (MÉSZAROS, 2006).

Este domínio expressa-se em um conjunto de questões, antes estranhas aos trabalhadores assalariados (ou mesmo aos cooperados, devido a sua fragmentação), mas que no processo de aglutinação orgânica do trabalho associado ganham uma concretude imediata. Trata-se de questões que vão desde a deliberação sobre novos investimentos, ou seja, criação de novos meios de produção e/ou novos eixos produtivos, passando, de forma privilegiada, pela questão do desenvolvimento científico e tecnológico (NOVAES, 2010. DAGNINO; NOVAES, 2007), até a articulação com as demandas de consumo dos indivíduos ou do coletivo integrado no SOT.

Com isso, novos conselhos passam a ser constituídos, provavelmente na forma de conselhos de inovação e investimentos, conselhos de distribuição e consumo e conselhos de logística e infraestrutura.

III. NÚCLEOS COMUNITÁRIOS: AUTOGESTÃO SOCIAL PLENA

Em consonância com a expansão e o adensamento material e econômico do SOT, ganha relevo e condições objetivas o enfrentamento de mais duas dimensões da alienação (MÉSZÁROS, 2006): o estranhamento do homem em relação a sua própria humanidade (o seu ser genérico) e o estranhamento entre os seres humanos (nas suas relações de sociabilidade).

Esta dimensão de relações sociais e humanas é o que chamamos de autogestão social, que diz respeito aos espaços de vivência dos humanos enquanto seres sociais.

A autogestão social plena de cada núcleo comunitário seria realizada por meio de conselhos comunitários, espaço no qual a própria comunidade pode, progressivamente, assumir controle sobre importantes dimensões da sua existência, modos de vida e formas concretas de solidariedade substantiva. A partir disso, as oportunidades e possibilidades de enriquecimento mútuo, solidário e comunitário são imensas, abrangendo, por exemplo, a possibilidade de compartilhar serviços sociais ou mesmo objetos para uso comum, enriquecimento cultural, enfim, mais que uma rede estatal de proteção social, uma autêntica **vida social plena**.

Nesta concepção de vida social plena a partir de núcleos comunitários autogestionários, não poderíamos deixar de mencionar os movimentos da permacultura e das ecovilas (BENINI; MIRANDA; 2005), que trazem na sua filosofia organizativa uma abordagem centrada no enriquecimento de modos de vida comunitários e ecológicos, sendo inclusive considerada por alguns pesquisadores como parte do movimento da economia solidária. Podemos inclusive afirmar que, especialmente o movimento das ecovilas, já praticam, em grande medida, os preceitos de uma autêntica autogestão social plena no espaço de núcleos comunitários.

Trata-se de movimentos socioambientais diferenciados, uma vez que defendem e aplicam novas práticas de sociabilidade. Tais movimentos vêm crescendo, no Brasil e no mundo, a partir da formação de diferentes grupos de pessoas, unidos por compartilharem ideologias ou metas semelhantes, quase sempre voltadas para se criar um modo de viver *sui generis* e um modo de morar alternativo e ecologicamente sustentável.

Na maioria dos casos, a principal identidade e preocupação desses grupos é sem dúvida a questão ecológica, ou seja, a busca e a construção de outros modos de se relacionar com o meio ambiente, respeitando sua fragilidade e utilizando com sabedoria os seus frutos. Porém, em vários outros casos, desses grupos vão se originar verdadeiras comunidades, com regras de convivência próprias, práticas voltadas para a espiritualidade e o convívio harmonioso e solidário entre todos os moradores. Tais comunidades recebem a denominação de "ecovilas". Como exemplos desses tipos de comunidades, citamos os casos da Ecovila Clareando (Piracicaba-SP) e da Ecovila Aurora (Estados do Paraná, Minas Gerais e Goiás).

Em geral o modelo de uma ecovila é baseado na formação de uma cooperativa ou de uma associação comunitária; em ambos os casos, a ideia principal é a valorização do coletivo, logo, o modelo de propriedade passa a ser comunitário e não individual. É importante ressaltar que a proposta dessas práticas é de que seus moradores não sejam privados de sua liberdade individual, mas sim inseridos dentro de uma nova postura democrática e coletiva. O espaço de moradia passa a ser um espaço que diz respeito a toda uma comunidade, na qual a individualidade de cada um é exercida com responsabilidade e solidariedade.

Também é fato notório, no contexto dessas iniciativas, o desenvolvimento de práticas e tecnologias ecológicas. Todo o ambiente da vila tem uma função a cumprir, desde uma função de lazer, de produção, térmica, estética e beleza, até uma função espiritual, no sentido de resgatar o envolvimento do homem com a terra.

Nessas comunidades, não encontramos, nem de perto, os muitos problemas que assolam as cidades, não há impermeabilização do solo, não há desperdício de recursos naturais, o convívio entre moradores e vizinhos é respeitoso e solidário, as ruas e as calçadas são lugares prazerosos para se caminhar, alguns espaços são aproveitados para a produção de alimentos e toda a riqueza da nossa flora e fauna encontra um espaço privilegiado de proteção e valorização. Além disso, há uma série de benefícios sistêmicos, como a redução dos gastos com energia elétrica e água, visto que as tecnologias agregadas buscam sempre uma utilização racional e eficiente dos recursos que a natureza nos oferece.

IV. COMUNAS: AUTOGESTÃO POLÍTICA AMPLIADA

Tanto formada a partir de núcleos comunitários, como formadora desses mesmos núcleos a partir de um território autogestionário, cada COMUNA seria a expressão simultaneamente política, social, territorial e cultural do Sistema Orgânico do Trabalho que chamamos aqui de **autogestão política ampliada**, no sentido de ser o espaço de convergência de interesses para uma perspectiva de bem comum, algo muito diferente do sentido de "disputa pelo poder" que a política ganha numa sociedade de classes.

Uma comuna seria o equivalente hoje a cidades, projetos de assentamento, grandes comunidades rurais, reservas indígenas, ou mesmo a um município (integrando o rural e o urbano).

No caso das cidades, nessa perspectiva estruturante da comuna, entraria em questão a própria problemática do uso e ocupação do espaço urbano. Grosso modo, sabemos que as atuais cidades não são projetadas, planejadas ou pelo menos direcionadas e regulamentadas, na sua expansão, para as necessidades humanas, mas, sobretudo, estão sob os imperativos de acumulação do capital (ora na forma de grandes complexos industriais, ora na forma de especulação imobiliária).

Logo, se instituir um Sistema Orgânico do Trabalho significa, em última análise, uma perspectiva emancipatória, então é de fundamental importância também incluir o próprio território como outro elemento estruturante de uma comuna pós-capital.

A princípio cada comuna, seja urbana ou rural, seria composta por um conjunto de núcleos comunitários e eixos produtivos. A forma de organização e distribuição de cada núcleo comunitário, dentro de um território específico, teriam grande influência na produtividade social da comuna e nas condições de vida dos moradores.

Em geral as cidades têm como centro de expansão ou o comercio, ou instituições religiosas, ou instituições estatais.

Na lógica de uma governança autogestionária, no escopo das comunas, os centros de expansão poderiam ser múltiplos, porém tendo com centro de referência e irradiação os núcleos comunitários. Por sua vez, cada núcleo seria autossuficiente em vários serviços e necessidades sociais, evitando assim deslocamentos desnecessários ao longo do dia ou da semana para os trabalhadores/produtores associados, bem como uma vida comunitária mais intensiva e rica em valores, ou seja, a priorização dos espaços de vida (autogestão social plena). Por sua vez, o território seria também "propriedade" da Fundação Estruturante Antipropriedade, anulando, dessa forma, qualquer tipo de especulação imobiliária (ou uso da terra como reserva de valor) e uso indevido contra as necessidades dos seres humanos e contra as necessidades de conservação ambiental e ecológica.

O próprio desenho de ruas e avenidas pode, perfeitamente, buscar maiores proximidades entre pessoas e o uso intensivo de outros meios de transporte (como bicicletas), o que seria facilmente planejado no espaço de uma comuna (tal perspectiva de planejamento é hoje praticamente inviável devido às várias "propriedades privadas" da sociedade capitalista atual). Dessa forma, haveria ganhos sistêmicos consideráveis, na medida em que se diminui consideravelmente o desperdício, típico de uma sociedade fragmentada em classes e propriedades privativas, com ações para potencializar o melhor uso social, econômico e ambiental possível dos espaços, tanto urbanos como rurais, potencializando assim a riqueza societal dos territórios.

V. SISTEMA COMUNAL:
AUTOGESTÃO TERRITORIAL

À medida que novos território, organizados politicamente pelos trabalhadores na forma de comunas, vão se integrando, tanto na perspectiva patrimonial (na fundação antipropriedade), como nos fluxos de riqueza social (na caixa de mediação financeira), vai se constituindo – passo a passo, luta a luta, adesões e mais adesões, enfim, com o acúmulo de várias conquistas – um efetivo sistema comunal.

Ao contrário de formas de organização verticais e burocráticas, que buscam simultaneamente controlar as desigualdades e dominar os subordinados, um sistema comunal parte do princípio de que a igualdade material das comunas é condição para a livre autodeterminação dos diferentes povos e territórios. Logo, trata-se de um tipo de organização horizontal, que busca articular os diferentes aspectos de riqueza societal, presentes em cada território, no sentido de potencializar o conjunto e valorizar a eficiência sistêmica, em suas múltiplas manifestações.

Enquanto as manifestações imediatas da vida ou de uma vida social plena estariam articuladas nos núcleos comunitários, a produção e distribuição de riquezas estariam articuladas numa perspectiva de sistema integrado, cujo abrangência territorial seria a exata medida dos comunas integradas, ou seja, não estaria restrita a um município, estado, país ou mesmo a um continente.

O sistema comunal permite, desde a criação da primeira comuna, uma **articulação transnacional e uma integração interterritorial dos trabalhadores e dos povos.**

Por exemplo, pode-se perfeitamente "iniciar" um sistema comunal com algumas comunas no Brasil, outras na América Latina, ou na África, ou em qualquer parte do mundo. Isso porque a arquitetura proposta aqui para um Sistema Orgânico do Trabalho permite uma imediata integração internacional dos trabalhadores que buscarem uma forma de organização plenamente autogestionária. A condição para isso é que, no país onde for constituída uma comuna, haja a possibilidade jurídica de criação de "subsidiárias" da Fundação Antipropriedade e da Cooperativa de Crédito.

Dessa forma, a lógica do sistema comunal é também a de superar fronteiras artificiais dos países ou dos chamados "estados-nação", que causaram (e continuam causando) divisões, disputas e guerras (pelo controle de territórios). Tal superação talvez seja um importante fundamento para que os diferentes povos e culturas, que abrangem a humanidade, possam viver ao mesmo tempo num estado de igualdade e reciprocidade material, como nos seus espaços de liberdade plena para suas múltiplas manifestações culturais e/ou modos de vida.

Tal integração sistêmica possibilita, entre outros benefícios possíveis, uma enorme economia em custos de transação. Simplesmente estaria superada, historicamente, a necessidade da acumulação financeira e virtual de riqueza (na forma "pura" de capital) logo, não haveria necessidade de sistema de previdência social, cartórios, arrecadação de impostos, entre outras instituições típicas de uma sociedade estruturada pela desigualdade material em proveito da acumulação privada.

~ 4 ~
FLUXOS DE RIQUEZA SOCIETAL E SUSTENTABILIDADE ORGÂNICA

I. INTERCÂMBIOS ENTRE O SISTEMA MERCANTIL E O SISTEMA COMUNAL

No processo de formação de um Sistema Orgânico do Trabalho – SOT, até a sua plena consolidação, tem-se uma situação de coexistência entre este e a sociedade capitalista.

Tal coexistência implicaria, necessariamente, um padrão de intercâmbio externo do SOT com o sistema orgânico do capital, respeitando as atuais instituições liberais.

Porém, para consolidar uma efetiva "autonomia interna" dos trabalhadores/produtores associados do SOT, não é nem necessário, nem mesmo desejável, um puro e simples "isolamento setorial", que condenaria ao atraso tecnológico ou ao ostracismo todo o sistema comunal, inclusive justificando retaliações.

Partido do princípio de que um Sistema Orgânico do Trabalho permite uma forma não alienada de organização das relações de trabalho, bem como um fluxo de circulação de riquezas interno não mercantil, este se apresenta como escolha ou opção para os trabalhadores associados, que livremente podem optar ou não por se associar logo, a amplitude e a abrangência do SOT não seria fruto de um decreto estatal ou da imposição da força, mas sim estaria em direta relação com o grau de adesão dos trabalhadores (seja na condição atual de cooperados, assalariados ou mesmo microempreendedores).

Por sua vez, este mesmo processo de adesão orgânica do (e ao) trabalho associado (SOT) é simultaneamente uma negação das mediações alienadoras do capital. Ora, se o capital é, sobretudo, uma relação social, baseada em mediações de alienação e exploração, ou seja, na contradição entre o caráter social e coletivo da produção, e a apropriação privada para poucos dos seus resultados, então, na medida em que um lado desta "equação" contraditória começa a se "retirar/esvaziar" (caráter social e coletivo da produção), igualmente o capital começa a perder suas bases não apenas de força, mas, sobretudo, de existência.

Tal movimento de retirada e esvaziamento diz respeito à principal mercadoria criadora de valor (no trabalho) e realizadora de valorização/acumulação (no consumo), que são os trabalhadores. No processo no qual eles rejeitam a sociedade do capital e passam a se aglutinar (auto-organizar) para construir uma "nova sociedade", igualmente temos os seguintes efeitos em cadeia, no campo do capital:

a) Diminuição da oferta da mercadoria "força de trabalho"; e
b) Diminuição no consumo de mercadorias com a redução dos "trabalhadores assalariados consumidores".

Dessa forma, no campo do trabalho associado do SOT, o efeito das novas adesões de trabalhadores (e EES também) implica redução progressiva da necessidade de intercâmbio de mercadorias, ou seja, depreciação contínua do império do valor de troca.

Logo, a expansão do sistema comunal baseia-se, a partir desses pontos de inflexão, em quatro forças ou tendências:

- **Via Social** – simplesmente pela adesão de novos "associados";
- **Via Política** – uma vez que os membros do SOT também são cidadãos legítimos e, à medida que crescem em número e organicidade, aumenta-se também suas condições e direitos pela conquista de parcelas do fundo público estatal, bem como de reivindicar importantes reformas jurídicas a favor do trabalho associado;
- **Via Solidária** – por meio de doações de sindicatos, associações e entidades dos trabalhadores, além de possivelmente outros movimentos de apoio que podem surgir;
- **Via Econômica** – aquisição/compra mercantil (a partir dos investimentos do sistema orgânico do trabalho), dos meios de produção "sob o domínio do capital". No tempo, essa aquisição poderá se acelerar, tendo em vista a intensificação das contradições do capital apontadas anteriormente, é possível uma depreciação generalizada nos valores de troca das suas mercadorias, possivelmente até abaixo do valor de uso ou de produção.

Nas ilustrações (figuras 2, 3 e 4) a seguir, demonstramos como, possivelmente, se daria essa dinâmica de intercâmbio e expansão:

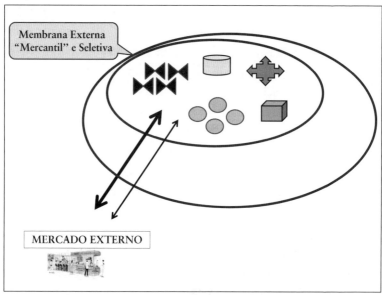

Figura 2 – Intercâmbio "externo" com a sociedade capitalista.

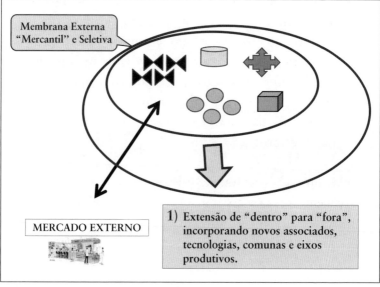

Figura 3 – Expansão de dentro para fora.

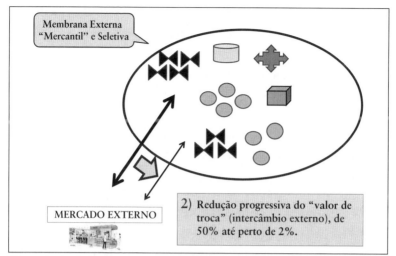

Figura 4 – Redução progressiva na necessidade de aquisições de mercadorias.

Porém, para que seja possíveis fluxos de riqueza societal, com densidade e amplitude suficientes para uma sustentabilidade orgânica tanto da sua produção, como da sua reprodução (expansão), é necessário um movimento prévio de aglutinação das múltiplas formas de trabalho associado, para a configuração efetiva de um Sistema Orgânico do Trabalho, que significa fluxos de autossustentação e autoevolução, conforme destacamos na figura 5.

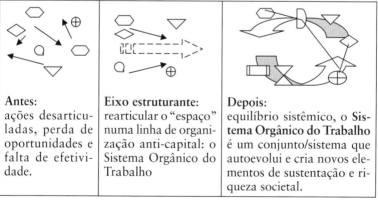

Figura 5 – Movimento de aglutinação orgânico do trabalho associado.

Tal necessidade de aglutinação estruturante (dentro de um novo sistema ou núcleo de referência) é decorrente da própria situação na qual se encontram diferentes lutas sociais, tanto no escopo da economia solidária, como em vários outros movimentos e lutas emancipatórias.

Logo, podemos observar que existem muitas frentes de resistência à opressão do capital. Entretanto, advogamos que, além de essas lutas serem, em geral, defensivas, também estão fragmentadas. No nível mais estruturante, temos a clivagem entre as questões políticas (partidos políticos) e questões econômica (sindicatos), e mesmo dentro de cada uma dessas perspectivas de luta ou resistência, há várias divisões e tendências. No campo dos movimentos sociais também se observa uma pauta crescente de temas e problemáticas, ou seja, ora temos as lutas pela reforma agrária, ora pela reforma urbana, reforma política, defesa dos povos originários, defesa da biodiversidade, pelo trabalho associado e solidário (economia solidária), e assim por diante, sem falar da fragmentação e dissenso do próprio movimento operário. Com isso, o que talvez seja necessário considerar não é a legitimidade de cada grupo ou espaço em defender determinadas bandeiras ou propostas (que em si, sem dúvida, são de extrema importância), mas sim a problemática de que a cada momento o capital, na sua dinâmica contraditória de sustentação e hegemonia, cria e recria novas formas de fragmentação e espoliação sobre os seres humanos. Conforme detalha Harvey, as analisar as implicações à mudança de foco dos movimentos (organização tradicional dos trabalhadores para outros aspectos da sociedade civil):

> *O que esses movimentos perdem em foco eles ganham em relevância direta para certas questões e grupos sociais particulares. Eles extraem sua força de sua profunda inserção no cerne da vida e da luta*

cotidianas; mas, ao fazê-lo, encontram dificuldades em se afastar do local e do particular para entender a macropolítica da verdadeira essência passada e atual da acumulação por espoliação neoliberal em sua relação com a restauração do poder de classe. (HARVEY, 2005, p. 214)

Mesmo dentro do movimento social da economia solidária, tal solidariedade fica restrita à lógica de ajuda e de apoio, ou ao apelo meramente discursivo ou subjetivo. Ao contrário de termos, de fato, um "campo de aglutinação" progressivo, existe vários pontos de dissenso e, não raramente, há vários campos de disputa, seja disputa ideológica, seja por recursos, editais, influência política, entre outros.

De qualquer forma, é evidente a desarticulação das várias lutas sociais, fato esse que apenas reforça a manutenção do estabelecido (que nesta realidade de forma alguma está ameaçado). Dito de outra forma, o trabalho, enquanto classe social, atualmente está organizando e distribuído de tal formal que pouca resistência (e praticamente nenhum enfrentamento de superação) pode levar a efeito frente aos imperativos do capital.

Se é válido o argumento aqui apresentado, que uma ofensiva contra o capital precisa ser, necessariamente, sua antítese direta, ou seja, para contrapor o sistema orgânico do capital é imperativo constituir um sistema orgânico do trabalho, então, é igualmente importante compreender o que vem a ser essa organicidade, e como sustentá-la de tal forma que ganhe consistência suficiente para reverter o estabelecido.

O primeiro ponto a se destacar é que, a princípio, um sistema orgânico do trabalho não pode ser confundido com o modo de produção socialista ou comunista. Porém trata-se, evidentemente, de um possível eixo estruturante nessa mesma perspectiva.

Por sua vez, quando falamos em eixo estruturante, falamos em um movimento que não se limita a fluxos esporádicos, mas que crie e recrie elementos institucionais e estruturais de sustentação, aglutinando novos fluxos e acúmulos em termos de movimentos, adesão de trabalhadores, novos conhecimentos e experiências, apoio de outros movimentos, invenção e criação contínuas de outros códigos subjetivos ou mesmo culturais.

Dessa forma, explicando de maneira bem simples, assim como uma "bicicleta" precisa de uma velocidade mínima para equilibrar-se e o ciclista conseguir sustentar seu movimento, igualmente um sistema orgânico do trabalho associado precisaria de um ponto de inflexão com o mínimo de consistência dialética, tanto do ponto de vista das pessoas e das subjetividades aglutinadas, como também das mediações, estruturas e eixos produtivos instituídos.

Partido do pressuposto de que o trabalho, numa condição de não subordinação e não alienado, é materialmente superior ao capital (cuja expansão se baseia na irracionalidade de destruições sistemáticas), então "bastaria" romper as "correntes de ouro" da alienação para que a potência do trabalho emancipado se realize concretamente.

Esse "rompimento das correntes" é justamente o ponto de inflexão criado a partir do momento que o trabalho ganha organicidade. Como num efeito em cadeia, esse adensamento ontológico do trabalho se qualificaria como um sistema orgânico, logo, capaz de ganhar a necessária autossustentabilidade e ir agregando novos sujeitos e criando novos elementos de expansão libertária (ou seja, tão importante quanto o aumento da riqueza coletiva e social também são as múltiplas dimensões emancipatórias que podem ser criadas).

O ponto-chave nesse processo é ter plena clareza sobre as condições (subjetivas, materiais e institucionais) que serão necessárias, para que um eixo estruturante pós-capital posso criar, efetivamente, um Sistema Orgânico do Trabalho.

As condições institucionais já foram apresentadas no item anterior, apenas vale a pena reforçar, mais uma vez, que todo esse rearranjo institucional deve estar ligado organicamente. Com isso, um ponto é elemento de apoio e viabilidade do outro, e assim por diante. Tendo em vista esse esclarecimento, cabe agora destacar os fluxos e acúmulos necessários para dar "vida" e movimento a organicidade do trabalho, tanto da perspectiva individual para a coletiva, como no caminho inverso, ou seja, como codeterminações múltiplas.

II. DA PERSPECTIVA INDIVIDUAL PARA A COLETIVA

> *A diferença qualitativa do sistema orgânico do trabalho como alternativa necessária ao modo social de reprodução metabólica estabelecido reside, e é impensável, sem uma adoção consciente da autocrítica como um princípio orientador vital. Ao mesmo tempo, é impossível conceber a adoção consciente e a operação de autocrítica como um princípio duradouro de orientação sem um certo tipo de reprodução societal que se deve manter como um verdadeiro sistema orgânico, sem o perigo de descarrilar do curso de desenvolvimento histórico entretanto aberto. Aqui estamos a falar de uma correlação dialética entre um diferente tipo de sistema orgânico necessário no futuro e o princípio orientador da autocrítica que, conjugados entre si, tornam viável esse novo tipo de sociedade.* (Mészáros, 2008)

É razoável considerar que, no atual contexto de hegemonia cultural e ideológica do capital, poucas pessoas sequer têm condições para uma postura crítica, e menos ainda para reivindicar e lutar por uma alternativa. Dessa forma, de início seria necessário reunir e envolver, no processo concreto de constituição de um Sistema Orgânico do Trabalho, pessoas que já possuem senso crítico formado (que sabem ou compreendem quais os riscos e implicações, expostos a todos nós, de não se superar o atual sistema do capital) e, principalmente, acreditam sinceramente que é possível reverter o estabelecido, logo, estão dispostas a correr riscos nessa direção. Um único indivíduo pode, sem dúvida, dar sua contribuição ou mesmo dedicar uma vida toda pelas lutas emancipatórias, ainda que suas possibilidades sejam extremamente limitadas; entretanto, a partir de que mais e mais indivíduos se articulem em torno de um projeto e práxis política, pesa cada vez menos a "ingovernabilidade das circunstâncias" alheias a nossa vontade, e pesa cada vez mais a força coletiva de um projeto social e conscientemente pactuado.

Não que haja (ou que estejamos sugerindo) algo do tipo "grupos de vanguarda" da transformação social. Mas o fato é que cada um de nós simplesmente tem experiências diferentes, olhares diferentes, histórias distintas, logo, perspectivas de resistência e luta também, em vários sentidos, divergentes. O capital, nas suas múltiplas personalizações e artifícios, "educa", treina e condiciona a se aceitar o estabelecido, e quando tais mecanismos ideológicos de dominação falham, parte-se ou para retaliações econômicas, ou mesmo ameaças e punições mais severas, quando, não raramente, paga-se com a própria vida. Por outro lado, sabemos o quanto a esquerda encontra-se hoje dividida, ora entre diferentes leituras da situação atual, ora sobre quais propostas ou projetos de enfrentamento devem eleger. Sem dúvida há uma dificuldade imensa de mobilização e articulação de um autêntico movimento de massas para além do capital, ou, nas palavras de Harvey:

A política de dividir para governar da classe de elite dirigente tem de ser enfrentada por uma política de alianças da esquerda favorável à recuperação dos poderes locais de autodeterminação. (2005, p. 217)

Apesar disso tudo, acreditamos que ainda existe um quantitativo considerável de pessoas dispostas a se engajarem numa ofensiva (aliança de esquerda para a autodeterminação) contra os fundamentos do capital, e tal ofensiva não necessariamente precisa ficar restrita apenas à conquista do poder estatal, conforme argumentamos anteriormente, mas, sobretudo, pode também ser uma ofensiva direta na esfera econômica e produtiva, ou seja, nos espaços de produção material da nossa existência.

Não sabemos até que ponto, e em que magnitude, uma ofensiva na esfera econômica e produtiva, na perspectiva de um Sistema Orgânico do Trabalho, consiga envolver ativistas e militantes (futuros "associados" deste organismo pós-capital), e/ou ganhar apoio dos movimentos sociais, movimentos/partidos políticos e sindicais, mas sem dúvida, no seu processo de implementação (talvez a fase mais difícil, que é iniciar o movimento de constituição desse sistema), seria fundamental aglutinar um coletivo já qualificado com pessoas cientes das contradições do capital, seus riscos, sua estrutura e forma de funcionamento, e que acreditam na capacidade dos seres humanos em criar outras formas de sociabilidade. Se for possível, ao menos, conseguirmos que várias pessoas, trabalhadores, lideranças sociais, intelectuais, profissionais de todos os tipos leiam e discutam tais propostas apresentadas aqui, já teremos um horizonte de possibilidades sendo aberto.

A partir da constituição dessa base social, e após um ponto de ruptura inicial (pois a própria "força da inércia" do *status quo* não deve ser desprezada), um conjunto de motivações, antes apenas "abstratas" para muitos, e apenas situadas como "possibilidades" (ou pior, como "promessas vazias") para alguns, passam a ser experimentadas concretamente, no dia a dia deste novo arranjo societal, dando nova força aos envolvidos (seja social, educativa, política, ou até mesmo psicológica e moral) e motivando novos apoios, adesões, e com isso "associações" por parte dos trabalhadores em geral e os coletivos de trabalho associado, cooperativo e solidário em particular.

Dessa forma, "vanguarda" aqui diz muito mais a ideia de "pioneiros", que assumem um grau maior de risco, de renúncias e se envolvem neste trabalho árduo de abrir caminho para os demais (o que não deixa de ser uma forma concreta de solidariedade) do que qualquer ideia de elite, direção, privilégios ou algum tipo de superioridade política ou intelectual.

Também a própria ideia de revolução ganharia novo significado, pois na sua concepção tradicional era entendida mais como aceleração do tempo por meio de movimento de massas, enquanto na perspectiva de instituição de um sistema orgânico do trabalho a quantidade de pessoas é determinada, e não determinante, da qualidade desse coletivo em construção, ou seja, do seu tipo de solidariedade, grau de comprometimento com a transformação social e potencial na criação dos meios adequados para se viabilizar um projeto emancipatório.

Neste horizonte, opta-se por um processo revolucionário que seja, talvez, "lento" no começo, mas que ganhe consistência e força no tempo, rejeitando-se, dessa forma, a opção por um processo muito forte e explosivo no começo, mas que se desgaste progressivamente (devido a não ter se constituído sob bases mais sólidas ou mediações adequadas), permitindo concessões progressivas à ordem anterior, com o risco considerável de se ter, com o passar do tempo e com o surgimento de novas dificuldades, um movimento contínuo de retrocessos e degeneração.

Também é importante destacar que, possivelmente, haverá muitas dúvidas nos momentos de constituição desse novo sistema, logo, sem um corpo/coletivo comprometido, abre-se espaço para disputas prematuras, que não contribuirão em nada para o necessário espaço e tempo, crítico e autocrítico, de constituição do Sistema Orgânico do Trabalho, logo, espaço de resistência, de criação, inovação, ajustes e correções, inerentes a esse processo de inflexão e transformação.

Vencido o ponto de inflexão inicial, e ganhando consistência necessária na sua organicidade, é que de fato podemos falar numa perspectiva efetivamente pós-capital. A chave elementar para isso será naturalmente o trabalho concreto, consubstanciado no esforço de cada indivíduo para dar movimento sistêmico ao sistema comunal, e se esses mesmos indivíduos venham a controlar/compreender o propósito do seu trabalho, ou seja, o processo de modificar a natureza e produzir coisas úteis e/ou necessárias para os humanos, então a ação individual não alienada e integrada poderá realizar um coletivo para além do capital.

III. DA PERSPECTIVA COLETIVA PARA A INDIVIDUAL

Tendo em vista que, por um lado, um simples isolamento de uma comuna significa, a rigor, renunciar a todo o estoque de conhecimento e riqueza gerado historicamente pelos próprios trabalhadores e, por outro lado, que um ponto inicial de sustentabilidade orgânica precisa ter fôlego suficiente para um movimento de expansão dialética, ou seja, provocar um ponto de inflexão, é que advogamos que a base material de um Sistema Orgânico do Trabalho precisaria, necessariamente, para seu início ou fundação, ser constituído com os seguintes eixos produtivos (autogestão técnica e coordenativa) e serviços coletivos (autogestão social plena):

- Eixo produtivo dos alimentos;
- Eixo produtivo da construção civil;
- Serviços básicos de saúde e educação.

Essa indicação justifica-se levando em conta que, em média, as famílias brasileiras comprometem até 75% da sua renda nos setores de habitação, alimentação, transportes, saúde e educação, logo, mesmo que de início os trabalhadores/associados do SOT não tenham meios de produção de alto valor agregado e tecnológico, podem perfeitamente, a partir daquela base inicial, terem domínio sobre um percentual considerável das necessidades humanas básicas.

Por outro lado, é importante considerar que as mediações alienadoras do capital são fonte de incalculáveis desperdícios (tanto de vidas humanas, como de riqueza material produzida). O documentário *A história das coisas* (Story of Stuff), escrito e apresentado por Annie Leonard (que pode ser acessado, na sua versão original, na página: http://www.storyofstuff.com/, além de haver várias versões com legendas e dubladas em português), nos dão valiosas pistas sobre a provável dimensão destes desperdícios sistêmicos, no contexto dos Estados Unidos (referência mundial de sociedade capitalista).

Entre outras questões igualmente relevantes, destacamos a questão da obsolescência planejada, que faz com que mais de 90% das mercadorias virem lixo em menos de seis meses. Outro dado que impressiona é o fato de que o Estado americano gaste quantias na ordem de até 60% do seu orçamento com o setor militar de defesa.

Ora, não é preciso ir muito longe ou lançar mão de vários estudos e pesquisas empíricas para se perceber os enormes (e talvez incalculáveis) custos da desigualdade social. Todo o privilégio é um campo de disputa, que vai desde um cargo mais bem remunerado até o controle de povos e territórios inteiros. E a cada disputa, quanto de desperdício, bloqueios e destruição não se produz?

Para ilustrar este argumento, elaboramos como hipótese (naturalmente passível de estudos e comprovação empírica) um possível quadro analítico (quadro 1) a partir daquelas evidências apontadas anteriormente, das diferentes formas e impactos do desperdício sistêmico provocados pelas mediações alienadoras do capital

Quadro 1 – Desperdício Sistêmico.

Desperdício Sistêmico da Riqueza Social no Capitalismo		
	Perda Direta Possível	**Impactos Sistêmicos**
Obsolescência	Até 90% das mercadorias em 6 meses	aceleração exponencial da destruição ambiental
Custos de Transações	De 1 a 5% da renda	desconfiança
Repressão do Poder	De 10 a 50% da renda	violência, destruição, guerras
Falta de Qualidade nas mercadorias e nos alimentos	De 10 a 20% das mercadorias	saúde ruim das pessoas e mais demanda curativa
Objetos não compartilhados	Pelo menos 10% de mercadorias desnecessárias	quebra de sinergias

Não temos como demonstrar tais valores com exatidão, o que sem dúvida mereceria uma boa e detalhada pesquisa, mas acreditamos que todas essas formas de desperdício sistêmico são, no mínimo, significativas, e na lógica de um Sistema Orgânico do Trabalho tais custos e passivos poderia ser drasticamente reduzidos, potencializando ainda mais a riqueza real, a partir de três efeitos conjugados:

- Circularidade progressiva dos fluxos de riqueza, devido aos efeitos da renda sistêmica;

- Bloqueio dos desperdícios sistêmicos, a partir da autogestão técnica e coordenativa da produção centrada na criação de valores de uso, como também a partir da simplificação e igualdade econômica permitida pela renda sistêmica;
- Compartilhamento de bens e serviços de uso comum, a partir da propriedade orgânica e da autogestão social plena.

Logo, no contexto de um sistema comunal baseado na aglutinação orgânica do trabalho, é possível que uma renda sistêmica venha a ser potencializada, no médio ou longo prazo, em até quatro vezes além do seu valor inicial, sem que necessariamente se aumente as forças produtivas ou a produtividade do trabalho.

Dessa forma, após ultrapassar a fase inicial de criação e constituição das comunas (talvez uma urbana e duas rurais) do Sistema Orgânico do Trabalho, já se teria um importante efeito demonstrativo de como se comporta os fluxos de riqueza social, e a aposta é que todos os benefícios e mudanças qualitativas venham a compensar, em larga medida, eventuais dificuldades iniciais. Evidenciando assim as consequências concretas de uma via de organização do trabalho não alienado e motivando outros trabalhadores que saiam da sua condição alienada de trabalhadores assalariados, e venham a entrar na comuna como **trabalhadores/produtores associados.** Se é certo que a consciência dos homens se forma a partir das suas condições de existência, enquanto na sociedade capitalista as condições de existência são amplamente contraditórias, formando por isso diferentes concepções e posturas ideológicas, possivelmente dentro da realidade de um efetivo e pleno "trabalho associado e solidário" teremos novas condições de existência, fortalecendo assim as subjetividades pró-emancipação, como também se constitui um "convite" pleno de conteúdo para que outras posturas, a favor da lógica e dos valores do capital, possa ter ao menos bases mais sólidas para repensar suas concepções de mundo.

Ainda que muitos venham a ter uma renda sistêmica, do ponto de visa nominal, provavelmente inferior a do antigo salário, acreditamos que não será difícil perceber claramente todos os demais benefícios e as perspectivas abertas. Ou seja, aos poucos um contexto de trabalho emancipado vai relevando várias potencialidades humanas, que por vários motivos estavam adormecidas ou aprisionadas.

Isso porque tal tipo de renda representa uma parcela da riqueza social deste sistema. Tal parcela é o espaço de opção individual de consumo de cada trabalhador, que se completa com o consumo coletivo e "público" da comuna, ou seja, a partir de uma igualdade material todos têm liberdade plena para escolher seus estilos de vida e de convivência.

No mundo do capital, há sempre uma "desvantagem" do trabalho assalariado, afinal, de que adianta ganhos salariais relativamente elevados, se por sua vez os custos de vida e de sociabilidade crescem numa proporção até maior?

IV. RENDA SISTÊMICA: TRABALHO DISPONÍVEL E TECNOLOGIA SOCIAL

> *A crítica à acumulação interminável do capital como processo dominante que molda nossa vida envolve a crítica aos direitos específicos que fundamentam o neoliberalismo – o direito à propriedade privada e à taxa de lucro individuais – e vice-versa. Defendi em outro texto um conjunto inteiramente distinto de direitos, a fim de incluir o direito a oportunidades de vida, à associação política e à "boa" governança; defendi também o controle da produção pelos produtores diretos, a inviolabilidade e a integridade do corpo humano, o direito à crítica sem*

> *medo de retaliação, a um ambiente vital decente e saudável, ao controle coletivo dos recursos possuídos em comum, à produção do espaço, à diferença, bem como direitos inerentes à nossa condição de seres da nossa espécie.* (HARVEY, 2005, p. 218)

A renda sistêmica é simultaneamente uma afirmação do fruto material imediato do trabalho e a negação das mediações mercantis mistificadoras típicas do capital – juros, crédito, dívida pública, mercado de ações, entre outros, que fomentam o "lucro individual e acumulação interminável do capital", conforme nos alerta Harvey (2005).

Na lógica do capital, qualquer ação ou propósito depende da quantia de capital disponível. Para se construir uma ponte, calcula-se quanto capital será necessário, construir uma escola, hospital, idem.

Já na lógica de um sistema orgânico do trabalho, o raciocínio muda consideravelmente. Indaga-se agora: o que é possível realizar com o trabalho e tecnologia que temos disponível?

É com base na conjunção de estoque tecnológico aplicado e trabalho disponível que se tem a exata medida do produto global realizado ou, a partir de novas combinações dessa conjunção, possível.

O produto global de bens e serviços que os trabalhadores/produtores associados do SOT viabilizaram (ou podem viabilizar) num determinado período expressa sua renda sistêmica deste mesmo período.

Por sua vez, esse mesmo coletivo de trabalhadores/produtores associados tem crescente domínio sobre os conteúdos, formas e processos de realizar sua renda sistêmica, por meio de planos globais pactuados coletivamente, ou, como vimos na passagem acima de Harvey, "o controle da produção pelos produtores diretos" e "o controle coletivo de recursos possuídos em comum".

No plano global de produção, os trabalhadores/produtores associados têm uma primeira decisão macroestrutural a pactuar de forma autogestionária, a repartição (que pode ser dada em termos percentuais) da sua renda sistêmica em três eixos:
1. Taxa de investimento e expansão;
2. Oferta/disponibilidade de serviços e bens de uso comum;
3. Renda individualizada.

No primeiro eixo – **taxa de investimento e expansão** – o coletivo dos associados do SOT delibera qual fração do seu trabalho será utilizada para a criação de novos meios de produção. Naturalmente que aqui não é levado mais em consideração as necessidades de acumulação de capital, uma vez que esta mediação não está mais presente. As principais questões que passam a orientar tal decisão dizem respeito a um conjunto de outros fatores e necessidades, tais como: Em qual velocidade vamos garantir a adesão de novos trabalhadores (solidariedade ampla com toda a classe trabalhadora)? Vamos aumentar nosso portfólio de consumo, ou vamos aumentar nosso tempo livre? Quais são os gargalos prioritários nos eixos produtivos nos quais devemos melhorar seu aporte tecnológico ou produtivo? E assim por diante.

No segundo eixo – **oferta de bens e serviços de uso comum** – tem-se uma dimensão de consumo coletivo, na medida das necessidades individuais de cada um. Tal dimensão vem a garantir uma forma de solidariedade orgânica e sistêmica, compensando os infortúnios que cada um de nós pode sofrer, bem como a ampla gama de diferentes necessidades que temos. Além disso, há a necessidade de economicidade tanto em termos de reduzir os impactos humanos sobre os ciclos ecológicos, como também a partir da opção dialética de fomentar uma vida coletiva e comunitária mais rica. Dessa forma, vários bens e serviços podem ser consumidos de forma compartilhada. Isso é óbvio para o transporte, mas igualmente poderia abranger objetos que usamos de forma esporádica (como uma furadeira, cortador de grama, veículos utilitários, entre outros).

Já no terceiro eixo – **renda individualizada** – seria o quanto de trabalho coletivo do SOT que caberia para o consumo de cada trabalhador/produtor associado. Aqui temos simultaneamente o espaço para se valorizar e reconhecer a contribuição individual de cada um, como também o espaço de liberdade para que cada um venha a escolher seus modos e estilos de vida. Desse modo, temos a dimensão da diversidade libertária a partir da igualdade econômica de renda (ou da não exploração).

Claro que a combinação entre esses três eixos pode variar consideravelmente, impactando na própria qualidade da sociabilidade dos associados do SOT. Por exemplo, uma taxa zero (ou próxima a isso) de renda individualizada implicaria uma opção comunista (muito diferente do estatismo burocrático totalitário, que impôs certo tipo discutível de igualdade "plena" de cima para baixo, alienando a sociedade); indo para outro extremo de taxa zero na oferta de bens e serviços de uso comum, o que implicaria uma forma de individualismo extremamente atomizada, talvez não muito diferente das ideologias liberais ou neoliberais. O fundamental aqui, na perspectiva de superação das mediações do capital, é que tais decisões sejam tomadas de forma autogestionária e não alienada, o que em si já é um processo coletivo de aprendizagem, responsabilização, logo, da necessária autocrítica (MÉSZÁROS, 2008), possibilitando futuras revisões e adequações, numa possível dinâmica de amadurecimento coletivo.

Vale registrar que, independentemente do percentual do produto global que a renda sistêmica individualizada venha a adquirir, ela é uma instituição completamente diferente do trabalho assalariado.

Neste temos uma forma de "renda individualizada fragmentada e subordinada", na qual cada um de nós, na medida do possível (ou ao sabor das circunstâncias e conveniências da valorização do capital), vendemos nossa força de trabalho, que pode adquirir preços com uma variabilidade imensa (logo, rendas igualmente distintas, fomentando uma sociedade estruturalmente desigual, do ponto de vista econômico e material), conforme as dinâmicas do mercado de trabalho e as habilidades e/ou inserções sociais/culturais que cada trabalhador, ao longo da sua vida, conseguiu adquirir. Isso sem mencionar os imensos ganhos (na forma de renda individualizada de capital) que os proprietários e gestores diretos dos meios de produção passam a usufruir.

Já na renda sistêmica individualizada do SOT, parte-se do princípio de que todos são igualmente trabalhadores/produtores associados, logo, somente foi possível um resultado global de produção a partir da contribuição individual de cada associado, e qualquer forma dessa contribuição é, em si, relevante, e não guarda nenhuma relação de hierarquia.

Alguns poderão argumentar que é injusto o trabalho intelectual ter a mesma "remuneração" que o trabalho manual. Na ótica do capital, que tem como uma das suas mediações a divisão hierárquica e social do trabalho, certamente é uma "injustiça".

Agora, olhando na ótica do trabalho associado, podemos argumentar nos seguintes termos: No tempo presente, talvez houvesse dúvidas e divergências a este respeito, porém, ao observamos as causas de tal diferenciação, não seria difícil concluir que são fruto de várias assimetrias nas oportunidades alocadas, bem como advindas dos vários processos de dominação ideológica do capital, que precisa fragmentar a formação dos trabalhadores, em diversas funções e/ou segmentos "profissionais", para viabilizar seus processos de valorização, ou seja, temos todo um processo educativo e formativo enquadrado nos imperativos de acumulação, e não como "socialização e produção coletivos de conhecimento". Já no que diz respeito ao tempo "futuro", as diferenciações ocupacionais e sociais somente tendem a consolidar ainda mais tais desigualdades, não apenas entre trabalho manual e trabalho intelectual, mas também entre os que vendem sua força de trabalho e os que dominam e/ou gerenciam o capital. Tal diferenciação social, como já assinalamos aqui, é causa de inúmeros processos de rivalidades, bloqueios, disputas, sofrimentos, patologias, conflitos e até mesmo de violências e, no limite, de guerras.

Dessa forma, a instituição "renda sistêmica" possivelmente causaria efeitos contrários àqueles efeitos do trabalho assalariado e das diferenciações e desigualdades sociais. A superação da assimetria e clivagem entre trabalho manual e intelectual, por exemplo, seria socialmente desejável ou mesmo necessária de se superar, por meio de outras formas de organização e distribuição de tarefas, como um sistema de rodízio ou revezamento, ou com a própria automação, ou mesmo uma lógica de disponibilizar conteúdo maior de "trabalhos manuais" aos mais jovens e com saúde própria a isto, e ao longo do tempo de um tipo de "carreira" de cada associado (um possível mecanismo de autorregulação) esse conteúdo fosse mudando, entre outros arranjos possíveis. Neste horizonte, outras formas de trabalho de natureza degradante seriam, o mais breve possível, eliminadas ou radicalmente atenuadas.

Com base em todas essas questões e encadeamentos vistos nesta seção, podemos afirmar que a instituição da mediação "renda sistêmica" simplesmente tornaria desnecessárias ou obsoletas historicamente um conjunto de instituições, tais como:

- Previdência social e aposentadoria;
- Financiamento, crédito, empréstimos etc.;
- Seguro de quaisquer tipos;
- Impostos, taxas ou outros mecanismos, com suas correspondentes instituições, de arrecadação;
- Poupança ou qualquer forma de acumulação monetária.

Parte 3

Estratégias de Implementação e Enfrentamento

~: 1 :~

POLÍTICA E ECONOMIA: CODETERMINAÇÃO E MÚLTIPLOS ATAQUES

> E quanto às sociedades cooperativas atuais, elas só têm valor à medida que forem criadas pelos próprios trabalhadores, forem independentes e não protegidas pelos governos nem pelos burgueses.
> Marx e Engels. (ANTUNES, 2004, p. 145)

Pensar em estratégias possíveis de implementação de uma via de aglutinação orgânica do trabalho associado é simultaneamente pensar em formas de enfrentamento dos múltiplos mecanismos de dominação e alienação do capital.

Claro que não pretendemos negar ou desconsiderar outras formas de luta pela emancipação social plena, mas sim ressaltar a possibilidade de se conceber, e com isso reorientar, estratégias e práticas, uma via de enfretamento que, sobretudo, desarme os fluxos e mediações que alimentam a existência do capital, e não um enfrentamento contra as organizações de defesa da ordem capitalista vigente. Trata-se de "matar" o capital por "inanição".

Nessa perspectiva, para uma compreensão mais clara do movimento dialético de afirmação de um Sistema Orgânico do Trabalho – SOT e negação do sistema do capital – é importante clarear um pouco a discussão clássica sobre as relações entre estrutura econômica e produtiva e superestrutura política, ideológica e institucional.

Advogamos que uma práxis adequada de enfrentamento do estabelecido não se faz apenas com a crítica e/ou diagnóstico desta realidade, mas, sobretudo, com um **projeto político em constante criação e autocrítica, construído de baixo para cima, diretamente pelos trabalhadores, organizados coletivamente e aglutinados por este mesmo projeto**. Nesse movimento, a própria crítica, vista de forma ampla e articulada, indica caminhos e possibilidades utópicos, mas que podem ser consubstanciados em ações práticas, fornecendo assim, progressivamente, novas possibilidades históricas.

Esse movimento diz respeito – no curto e médio prazo ou nos fluxos imediatos da práxis – a ataques múltiplos e combinados tantos no que diz respeito a aspectos políticos (organização de interesses, organização do fundo público, forma do Estado, políticas públicas), como a aspectos econômicos (organização do sistema produtivo, tecnologia, relações sociais de produção), mas ajustados nos seguimentos movimentos estratégicos ou múltiplos "ataques":

1. **Negação das negações:**
   1.1. Revertendo progressivamente os mecanismos e artifícios de exploração e espoliação do trabalho;
   1.2. Bloqueando progressivamente os instrumentos de controle burocrático e repressão violenta do aparelho estatal.

2. **Afirmação de novas mediações** para o trabalho não alienado:
   2.1. Via socioeconômica: criação de novas instituições mediadoras, nova organização produtiva e social (constituição de uma arquitetura crítica para a aglutinação orgânica do trabalho associado);
   2.2. Via política: realocar parcelas do fundo público (fruto da mais-valia dos trabalhadores) direto para o Sistema Orgânico do Trabalho, potencializando o processo de apropriação (ou reapropriação legítima) dos meios de produção aos trabalhadores na condição de "trabalhadores/produtores associados";
   2.3. Via solidária em vários movimentos: adesão de novos trabalhadores e EES ou empresas de autogestão; movimentos sociais, movimento sindical, partidos comprometidos com a emancipação social, associações ou fundos de apoios de demais trabalhadores assalariados (criando assim condições para não precisarem mais vender sua força de trabalho).

Dessa forma, questionamos até que ponto é válida a afirmação, colocada por Martorano, que de certa forma ilustra bem o pensamento marxista dominante, que diz respeito a:

> *(...) impossibilidade de emergência e do desenvolvimento de relações de produção socialistas no interior do capitalismo, tese que contraria o argumento dos antigos socialistas utópicos e que são hoje retomadas por diversos autores que negam ou negligenciam a questão da ruptura política revolucionária como condição indispensável para o início da transição.* (MARTORANO, 2011, p. 102)

Por outro lado, não se poderia igualmente afirmar sobre **a impossibilidade de emergência e do desenvolvimento de instituições socialistas a partir das mediações do capital?**

Sem embargo, questionamos até que ponto é possível articular e sustentar um movimento expressivo, no sentido de enfrentar a dominação capitalista, da classe dos trabalhadores, tendo como instrumento organizador o partido político, a partir da permanência de condições de existência alienadas desses mesmos trabalhadores? Ou, para colocar de outra perspectiva esta mesma questão, até que ponto trabalhadores "aprisionados" em relações de produção do capital podem, efetivamente, passar de uma concepção defensiva (melhores salários, melhores condições de trabalho) para uma concepção ofensiva (superação do modo de produção capitalista), ou mesmo terem condições práticas de auto-organização a partir das suas necessidades imediatas, para sobrevivência, de vender sua força de trabalho?

Sem dúvida que os instrumentos "sindicatos" e "partido político" foram cruciais para uma série de conquistas (ou mesmo para evitar degradações e espoliações mais severas) para os trabalhadores. Entretanto, é necessário ponderar até que ponto, dadas as circunstâncias atuais, tais instrumentos são efetivamente adequados, ou podem aglutinar força social suficiente para promover uma articulação e união de tal densidade e propósito, do e para os trabalhadores, a ponto de realizar a superação das múltiplas formas capitalistas de alienação, dominação e subordinação.

Outra questão que igualmente precisa ser melhor discutida diz respeito a própria postura ou sentido de se buscar a superação do capital, e sua correspondente sociedade capitalista. Trata-se de fato ir às últimas consequências da luta de classes? Ou a luta de classes é um efeito das desigualdades e ambiguidades geradas a partir das mediações alienadoras do capital? Seria mesmo adequado ou coerente, dentro de um propósito de transformação emancipatória plena, eleger e personificar um "inimigo"? Ou tal lógica de "derrotar o inimigo" não acaba por alimentar ainda mais relações sociais antagônicas de disputa e dominação (cujos desdobramentos podem levar a mais e mais conflitos, violência e até guerras), ou seja, mediações típicas do capital?

Sem a pretensão de encaminhar algum tipo de "resposta" a tais indagações, reivindicamos aqui que, em face da existência dessas problemáticas, é legítimo considerar a possibilidade que de haja outros caminhos.

Entre eles, como o leitor já deve ter observado, o caminho aqui apontado é o do trabalho associado, mas dentro de uma dinâmica de aglutinação material e econômica, formando assim um sistema orgânico.

Trata-se de uma forma de luta não violenta. Tal forma de luta, ou melhor, enfrentamento contra a dominação e opressão do capital, parte do princípio de que o elemento central de superação são os fundamentos do capital, que abrangem as relações sociais, e não as pessoas ou personificações da lógica capitalista, ainda que estas estejam na condição – prática e ideológica – de defensores do império do capital. Além disso, ao assumir uma vertente de luta de aglutinação orgânica do trabalho associado, a ampliação da autogestão igualmente passa a ser seu principal meio e fim. Mas é condição para alcançar graus crescentes de autogestão e autogoverno, também uma postura fundamental de autocrítica, não por acaso Mészáros articulou, em um texto seu, a perspectiva de um "sistema comunal e o princípio da autocrítica" (MÉSZÁROS, 2008).

Acreditamos que um ponto fundamental do princípio da autocrítica é refletir, coletivamente, sobre até que ponto a existência do capital também não é responsabilidade dos trabalhadores. Ou, colocando de uma forma mais direta: mais que tão somente "vítimas" dos opressores que assumem a defesa do capital, nós, vendedores da mercadoria força de trabalho, também não temos uma parcela significativa de "culpa" (no sentido de responsabilização), pelo estágio atual das coisas?

Antes que tais indagações assumam interpretações saturadas de ambiguidades, o que queremos aqui ressaltar é a relação dialética na qual: se podemos assumir parte da responsabilidade pela existência de uma sociedade capitalista, logo, é possível também assumir a possibilidade histórica de sua superação. Ou seja, reconhecer – como ilumina Mészáros, ao explicar a teoria da alienação em Marx (2006) – que de certa forma o que existe é uma "autoalienação" dos seres humanos; é condição para também entendermos que somos os "únicos" responsáveis pela sua superação, logo, isso não se dará por nenhuma outra força exótica, determinista ou por providência histórica ou divina, somente pela ação política autoconsciente e autopactuada dos trabalhadores.

Tento em vista uma via de múltiplos ataques, a partir da autocrítica e auto-organização dos trabalhadores, é possível encaminhar uma práxis revolucionária na essência, ainda que na aparência seja reformista.

Em geral define-se, numa primeira aproximação, como via reformista aquela que luta por mudanças dentro da institucionalidade vigente, enquanto a via revolucionária é aquela que busca transformar toda a sociedade, porém, a verdadeira questão colocada por Luxemburgo (2005) diz respeito ao caráter de adaptação ou melhoria do modo de produção capitalista, ou de superação plena deste sistema social de organização.

Logo, a questão decisiva não diz respeito diretamente a "respeitar" ou não a institucionalidade ou a legalidade vigente, mas sim se há uma práxis de transformação das relações sociais de produção ou não.

Advogamos então que é perfeitamente possível uma práxis revolucionária de transformação social, na perspectiva de anulação e reversão das mediações elementares do capital, a partir da institucionalidade vigente.

Isto porque já temos um acúmulo de lutas históricas de grande relevância, conquistadas por parte dos sindicatos e partidos políticos de compromisso emancipatório, ainda que essa luta tenha tido um caráter essencialmente defensivo ou reformista (no sentido de apenas mitigar os efeitos da exploração capitalista), mas que hoje permitem lançar mão de uma práxis de aglutinação do trabalho associado.

Ora, ainda que a fundação, e de certa forma a base material, dos Estados Nacionais seja capitalista, não é pouca coisa o fato de ter sido incluído, na estrutura de tal aparelho burocrático, além de uma constitucionalidade de defesa da propriedade privada, também uma constitucionalidade de ampliação dos direitos políticos, civis e sociais.

Dessa forma, tal luta política de caráter defensivo (pois parte das contradições das mediações do capital, e não da superação delas), vem cumprindo, ainda que não sem dificuldades e retrocessos, um importante papel histórico, tanto na perspectiva imediata (condições de vida dos seres humanos), como também de criar condições mínimas para novos enfrentamentos.

Temos assim uma práxis política ambígua (combate os efeitos do capital, sem enfrentar suas mediações), devido a sua base de relações sociais ainda estar submetida a relações sociais capitalistas, por isso que tal via é, estruturalmente, limitada e sem condições ontológicas para uma práxis de superação do capital.

Não obstante, é justamente neste "limite" estrutural das lutas defensivas (ver Figura 6) que começa a via de enfrentamento do trabalho associado aglutinado organicamente.

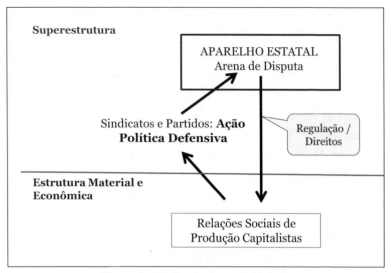

Figura 6 – Limite das lutas defensivas.

Aqui temos uma dupla implicação. Por um lado o limite das lutas defensivas abre caminho para um enfrentamento direto aos fundamentos do capital, mas, por outro lado, sem este enfrentamento, tais lutas defensivas perdem forçam, e podem (como já está ocorrendo) retroceder historicamente falando.

Por sua vez, uma práxis de enfrentamento direto aos fundamentos do capital (suas mediações de 2º grau), tendo como ponto de "apoio inicial" a base de direitos duramente implantados no Estado, passa antes para uma ação direta na estrutura material e econômica (Figura 7.1), para, num momento posterior, promover novas ações políticas de enfrentamento ou implantes reformistas no Estado dentro da institucionalidade vigente (Figura 7.2), porém, a partir de outras relações sociais de produção e, com isso, com densidade suficiente para dinâmicas de enfrentamento inclusive de mudanças institucionais aprofundadas.

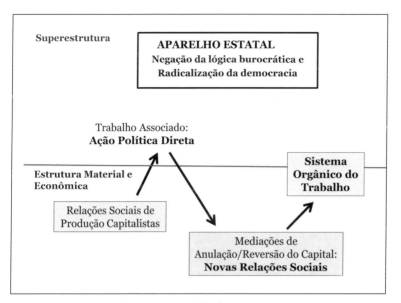

Figura 7.1 – Múltiplos ataques.

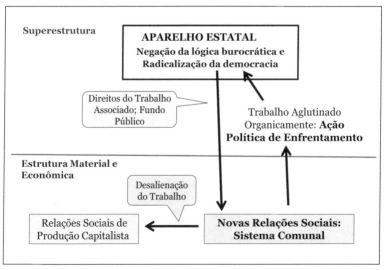

Figura 7.2 – Múltiplos ataques.

Tendo em vista tais dinâmicas, cabe uma discussão mais aprofundada sobre as implicações nos Estados Nacionais de uma via de enfretamento pela aglutinação do trabalho associado, ou qual a relação que se estabelece entre o processo de ampliação da autogestão e o aparelho estatal existente.

~: 2 :~

ESTADO E AUTOGESTÃO: DIVERGÊNCIAS E ARTICULAÇÕES

Sem dúvida esse tema talvez seja um dos mais difíceis dentro das teorias críticas de sociedade. A tese de que o Estado seria o instrumento por excelência para a revolução proletária (expresso com clareza no livro de Lênin, *O Estado e a Revolução*) influenciou e influencia ainda vários movimentos políticos e operários.

Novamente explicitamos que nosso propósito aqui não é revisitar tais teses, ou mesmo fazer uma ampla discussão sobre a natureza dos Estados Nacionais e seu papel na transformação social. Por força dos próprios argumentos e objetivos desta comunicação, naturalmente que se faz necessário ao menos situar o Estado em relação ao trabalho associado, principalmente numa possível práxis de aglutinação orgânica deste e ampliação do conteúdo e abrangência da autogestão.

Neste horizonte dialético, a questão central diz respeito à relação entre a lógica burocrática dos aparelhos estatais **e a cons-**

trução de processos de ampliação da autogestão do trabalho associado, num horizonte de governança autogestionária. Logo, cabe igualmente a pergunta: como situar e enfrentar o aparelho estatal de tal forma que este seja menos um instrumento de cooptação e manutenção da ordem vigente, para ter um caráter cada vez maior de ser enquadrado como ponto de apoio à transformação?

Primeiro, há que se considerar que os Estados Nacionais são fruto das relações sociais dominantes ou hegemônicas. Logo, como vimos, uma ação política de disputa pelo controle do aparelho estatal, se baseada nas mesmas relações que pretende combater, será uma ação ambígua por definição. Pois mesmo que se alcance tal controle, o padrão de relações Estado e Sociedade, dentro de relações sociais baseadas no capital, será necessariamente um padrão de intervenção burocrático. Dessa forma, é mais provável ser cooptado e enquadrado pela lógica burocrática e alienante do aparelho estatal do que convertê-lo em instrumento de emancipação social plena.

Com isso, o decisivo aqui, arriscamos ponderar, talvez não esteja tanto na amplitude da força política criada, mais sim tenha relação sobre qual tipo de base social que fornece essa força. Pois uma base social determinada por uma existência alienada tende a ter, consequentemente, uma ideologia alienada ou no mínimo ambígua (logo, limitada em ações reativas e defensivas).

Logo, o sentido de democracia e de república, dentro do contexto do capitalismo, ganha outra qualidade e significado, sendo o seu conteúdo reduzido à lógica de uma democracia representativa liberal ou, numa visão mais crítica, de oligarquia liberal, na qual grupos de interesse, que conseguem se articular com maior êxito e exercer sua hegemonia, passam a dominar toda uma sociedade por meio do controle sobre o aparelho estatal.

Não obstante, o preceito de soberania do povo, de ser de todos, além de ser "mediado" por um conjunto de instituições (o que inclui os "representantes"), evidentemente engloba até mesmo os contrários da democracia plena e o amplo conjunto de atores sociais que personificam ou simplesmente defendem a lógica do capital (que exercem uma forte hegemonia ideológica). Estes não só acumulam (e controlam) parte expressiva da riqueza social (a partir de extração da mais valia), como também "acumulam" todo um conjunto de artifícios para exercer a sua hegemonia política e ideológica.

Nesse contexto, superar a propriedade privada dos meios de produção, por meio de uma propriedade estatal de todos os meios de produção, historicamente vem se demonstrando como uma opção permeada por muitas contradições e problemáticas, que vão desde disputas ideológicas acirradas, a respeito de qual deva ser o papel do Estado e do partido político num possível horizonte de transição, até mesmo meras disputas fisiológicas por cargos e privilégios dentro do aparelho do Estado.

Logo, a estatização dos meios de produção não significa, a rigor, democratização destes (e com isso autogestão dos trabalhadores), pois é decisiva a problemática sobre o caráter do Estado ou a que ele serve.

Sem embargo, é como se, no final das contas, a lógica burocrática estatal de dominação e manutenção do *status quo* condicionasse e cooptasse a luta política dentro das suas próprias regras, dinâmicas e ideologias, ou, para explicar de outra forma, não seria possível superar um determinado marco político-institucional dentro deste mesmo marco político-institucional, crítica semelhante a que Marx fez a Proudhon, ao ressaltar que a sua proposta de organização econômica dos trabalhadores estava situada dentro das mesmas mediações da economia política liberal (Mészáros, 2006, p. 121).

Considerando que essa forma histórica de Estado ou de sociedade política, que monopoliza a força coletiva de uma dada sociedade, é fruto de um tipo de sociedade fragmentada, desigual em termos tanto materiais como ideológicos, e alienada nas suas mediações elementares, com isso, o tipo de democracia configurada acaba por ser a própria negação da democracia na sua essência, resultando na forma histórica de democracia representativa, no qual poucos devem governar em nome de muitos. Porém, se tais governantes devem "representam" as diversas fragmentações sociais existentes, devem, portanto, necessariamente harmonizar tais desigualdades, e não superá-las, como condição de governança coletiva.

Dentro de uma desigualdade estrutural, só é possível algum tipo de governança coletiva por meio de um sistema social de dominação hierárquico (oposto ontológico à perspectiva de governança autogestionária), ou, como Max Weber denominou, um tipo de dominação racional-legal, caracterizado por uma administração pública burocrática em sentido amplo, ou seja, desde o processo político institucional decisório patrimonialista (no sentido de dominação de classe) até as múltiplas formas autoritárias de intervenção e controle do aparelho estatal sobre a sociedade.

Trata-se de um jogo desigual, cuja principal lógica é justamente harmonizar, ou seja, sustentar essa mesma desigualdade, por meio do formalismo jurídico institucional.

Nesta estrutura montada, superar uma parcialidade política (a hegemonia do capital) que adquiriu uma universalidade econômica e institucional nas mediações de 2º grau (propriedade privada, intermediação mercantil e gestão burocrática), por meio de outra parcialidade/projeto político (a emancipação do trabalho), porém sem as mediações correspondentes de sustentação, é algo improvável ou talvez impossível, pois é como buscar a superação do capital utilizando (ou a partir dos) artifícios do capital, uma contradição em termos.

Não é por acaso que conquistas sociais ou de proteção ao trabalho, arrancadas por meio de intensas lutas, reiteradamente sofrem diversos ataques, reveses ou são instrumentalizadas para outros fins.

Podemos observar tal instabilidade e oscilação, por exemplo, na luta pela reforma agrária, que apesar de ter conquistado um marco jurídico (o estatuto da terra), um marco institucional (a criação do INCRA) e dotações orçamentárias, tanto nas arenas de disputa política (parlamento), como administrativa (implementação das políticas públicas de reforma agrária), acabam por sofrer inúmeros tipos de bloqueios e interferências.

Da mesma forma, indo para uma visão mais estrutural e ampla, essa mesma instabilidade (das conquistas sociais do trabalho) também se manifesta na própria crise do Estado de Bem-Estar Social (como vimos na parte 1).

Diante da problemática do Estado, em que pese os importantes implantes de direitos que este sofreu, o seu caráter de aparelho burocrático permanece. Com isso, uma estratégia de ampliação da autogestão via aparelho estatal seria uma contradição gritante (realizar a emancipação por decreto!), uma vez que a ontologia da autogestão societal está em oposição direta frente à divisão social e hierárquica do trabalho (fundamento elementar da burocracia enquanto sistema social de dominação).

Por outro lado, este mesmo aparelho burocrático é financiado a partir de um fundo público, que na essência é fruto da mais-valia dos trabalhadores. Logo, são os próprios trabalhadores, em última instância, que "viabilizam" as ações estatais nas suas duas funções básicas: acumulação direta do capital e acumulação indireta do capital, por meio da reprodução da força de trabalho (políticas sociais de previdência, saúde, educação). No que se refere à reprodução da força de trabalho, em parte ela é fruto das necessidade de valorização do capital (a partir da sua principal mercadoria: o trabalho), e em parte ela é fruto de uma série de lutas e reivindicações históricas dos movimentos sociais, políticos e/ou sindicais.

Trata-se, de certa forma, de um tipo de "reaquisição" de parte dessa mais-valia explorada, na forma de direitos sociais.

Logo, é necessário compreender este caráter ambíguo dos Estados, ao mesmo tempo em que é um meio de organização e coordenação das forças coletivas de uma sociedade, também foi (e é) uma construção histórica a partir das mediações alienadoras do capital, logo, o seu caráter burocrático (dominação autoritária e hierárquica) é ostensivo, estando presente não apenas na sua forma de funcionamento, estrutura jurídica e administrativa, mas, sobretudo nas relações sociais entre servidos públicos, classe política dirigente e sociedade em geral, fonte de uma forte ideologia de dominação e subordinação.

Levando em conta tal natureza problemática dos Estados, Mészáros nos alerta que:

> O Estado é essencialmente uma estrutura hierárquica de comando. Como tal, extrai sua problemática legitimidade não de sua alegada "constitucionalidade" (que invariavelmente é "inconstitucional" em sua constituição original), mas de sua capacidade de impor as demandas apresentadas a ele. (2004, p. 493)

Dessa forma, um sistema comunal baseado numa governança autogestionária está em relação direta de oposição aos Estados Nacionais Burocráticos. Logo, quanto mais se avança numa formação histórica, mais se definha a outra.

Dialeticamente, trata-se também de uma articulação, pois a governança autogestionária (autogestão societal) é em si **uma forma de organização e coordenação das forças coletivas de uma sociedade,** por isso que, no processo de expansão desta, haverá um reforço dos elementos progressistas dos Estados (ampliação do espaço público, de formas de democracia direta, da universalização de direitos) e desmonte dos seus aspectos regressivos (autoritarismo, controle, dominação e fragmentação territorial dos povos). Dessa forma, o processo de ampliação do escopo e conteúdo da autogestão implica mudanças profundas na qualidade dos Estados, no limite indo até a sua obsolescência histórica.

Com essa abordagem, uma perspectiva de autogestão societal, viabilizada pela criação de Sistema Orgânico do Trabalho, não pode nem deve ser instituída a partir do aparelho burocrático do Estado, no forma de lei, decreto, projeto ou política pública, mas sim ser fruto direto da auto-organização dos trabalhadores. Porém, estes enquanto agentes políticos (cidadãos legítimos) podem e devem reivindicar cada vez menos intervenção burocrática/autoritária estatal, e cada vez mais realocação do fundo público, na forma de transferência direta, para o trabalho (associado e não associado), bem como implantes progressivos de direitos, além dos direitos sociais, para o trabalho associado e advindo da lógica da autogestão plena.

Vale ressaltar que quando falamos na lógica de autogestão plena, no nível das aparências haverá uma certa semelhança com as teses liberais, no sentido de não intervenção do Estado nas esferas econômicas e sociais. Caberia ao Estado, na ótica de tais teses, grosso modo garantir de forma prioritária a segurança jurídica dos contratos (principalmente da propriedade privada). Porém, uma coisa é defender a não necessidade de direitos sociais frente à "desproteção material" da mercadoria trabalho, ou coisa, completamente diferente, é a não intervenção no coletivo dos trabalhadores/produtores associados, que, por controlarem diretamente os processos de produção de riqueza social, podem igualmente pactuar a produção de bens e serviços coletivos, ou seja, regular sua autoproteção (autogestão societal).

Colocando de forma mais explícita, podemos afirmar que na lógica da autogestão plena não é necessária a intermediação burocrática estatal, um processo oneroso e autoritário no qual se extrai, via impostos, mais-valia dos produtores associados, para "devolver" a eles parte (não tudo) desses impostos, na forma de pacotes de "direitos sociais".

Nesta perspectiva, permanece (enquanto houver trabalhadores vendendo sua força de trabalho) a luta política por proteção estatal para o trabalho assalariado, porém, inclui-se outra frente de luta política, no campo do trabalho associado, aonde se busca o bloqueio da extração estatal de mais-valia dos trabalhadores/ produtores associados, viabilizando assim que estes possam autopromover uma vida social plena.

Claro que a superação histórica da necessidade dos Estados Nacionais é o limite do desenvolvimento da autogestão societal. Porém, é perfeitamente possível formas intermediárias de articulação, no sentido de radicalização da democracia nas diferentes instâncias estatais, e atrofia das suas dimensões de controle e dominação, inclusive importantes mudanças na relação interestados e internacionais, pois se trata de processo de transformação da estrutura material a partir de novas relações sociais de produção, que, com menor ou maior intensidade, implica ontologicamente mudanças na superestrutura jurídica, política e administrativa.

… 3 …

OS MOVIMENTOS PELA REFORMA AGRÁRIA E PELA ECONOMIA SOLIDÁRIA: PROBLEMÁTICAS E CONVERGÊNCIAS DE UM PROJETO DE DESALIENAÇÃO

Como projeto de desalienação, podemos afirmar que educação e práxis sociopolítica se complementam e se modificam mutuamente, uma vez que reverter a alienação societal significa "desconstruir" suas quatro dimensões, logo, não é suficiente um processo de conscientização, é necessário, como ressalta Mészáros (2006), um projeto político articulado e aglutinador que traga mudanças materiais relevantes nas relações sociais de produção.

Nessa problemática é que inserimos, como *lócus* possível de tal projeto de desalienação, a questão dos movimentos sociais, em especial os movimentos pela reforma agrária e pelo trabalho associado da economia solidária. Consideramos que tais movimentos, em que pese seus limites e contradições, tencionam, de forma alternada, uma ou outra dimensão da alienação, porém, de forma não contínua e desarticulada.

Para uma compreensão mais adequada desse argumento, vamos examinar, de forma sintética, cada um daqueles movimentos, a começar pela questão da reforma agrária.

Devido à dominação secular dos territórios por classes dominantes, caracterizando assim o latifundiário, trabalhadores despojados deste meio de produção elementar – a terra – e ao mesmo tempo pacientes de um sem-número de artifícios de exploração e espoliação, em certo momento histórico organizam-se enquanto movimento social que reivindica um conjunto de reformas estatais (políticas públicas) na realidade fundiária brasileira, no sentido de reversão da sua situação social de explícita subordinação.

> *No Brasil se diz que "terra é mais do que terra" numa alusão de que deter terras é deter poder econômico, social e político na sociedade. O latifúndio e seus representantes detêm parcela expressiva do controle sobre as prefeituras, câmaras legislativas, Poder Judiciário e também no Congresso Nacional, ancorados na posse e propriedade de terras. O Congresso Nacional repetidamente tem presenciado manifestações de escracho e de domínio desse segmento conservador, como na aprovação de mudanças na legislação ambiental brasileira em favor do capital agrário e setores associados. Por isso tudo, e pela mentalidade escravocrata que ainda domina setores do latifúndio, o processo de reforma agrária no Brasil se caracteriza pelo caráter*

> *conflitivo envolvido nas tomadas de terras pelos Trabalhadores Rurais Sem-Terra nas chamadas ocupações, em vista de pressionar o governo para que sejam desapropriadas áreas para a realização de assentamentos, e na violência do latifúndio que se apossa das terras públicas e privadas em vista da acumulação patrimonial, de lucro e de poder.* (CHRISTOFFOLI, 2012, p. 121-122)

Dessa forma, advindo da tomada de consciência dessa situação, ou seja, uma educação protopolítica, temos a criação no Brasil de movimentos sociais pela reforma agrária, especialmente a partir da segunda metade do século XX.

Com uma dinâmica dialética semelhante, porém mais próxima do final do século passado (anos 80 e 90), face ao desemprego estrutural (inserção de tecnologias produtivas poupadoras da mercadoria trabalho) e em conjunto com um novo ciclo de ampliação da exploração do trabalho (bloqueio/reversão dos direitos sociais de proteção estatal ao trabalho assalariado), outros trabalhadores passaram a buscar, de forma coletiva e associada, a restituição ao trabalho de meios de produção, sem a intermediação de um proprietário direto, para poderem obter alguma renda, ou seja, temos a constituições de movimentos pelo trabalho associado.

> *Nesse contexto, as mudanças no mundo do trabalho são cada vez mais frequentes e perceptíveis na sua precarização, numa direção inversa à fase anterior de ampliação dos direitos sociais. Sem dúvida, o paradigma da precarização do trabalho assombra a classe trabalhadora, ocorrendo as mais variadas reações. Se, no contexto do pós-guerra, a solidariedade entre os trabalhadores foi expressa pelos direitos*

> *sociais e pleno emprego, agora, tendo em vista as novas estratégias de reestruturação produtiva, um outro tipo de solidariedade é desencadeada: a organização coletiva de cunho socioeconômico – assumida em grande parte na forma institucionalizada e pulverizada de cooperativas e associações. Trata-se de uma organização que surge como uma das reações determinadas e/ou encontradas pelos trabalhadores frente aos novos imperativos do processo de acumulação capitalista.* (BENINI, 2010, p. 607)

Como processo social de construção de uma identidade, e resgate da memória e das experiências de outras lutas similares de trabalho associado, tal movimento social vem sendo articulado no escopo da chamada "Economia Solidária". Trata-se de uma proposta/movimento que busca novas relações de produção, de cunho solidário e tendo a autogestão como principal referência de organização socioeconômica.

Enquanto reações organizadas de determinados segmentos da sociedade, em face de uma situação social não desejável, podemos destacar que tanto os movimentos pelo trabalho associado (economia solidária), como os movimentos pela reforma agrária simultaneamente surgem de um processo educativo protopolítico, como demandam um processo ou práxis educativa de cunho pós-político (no sentido de superação daquela situação social não desejável), uma vez que ambos estão a questionar as dimensões elementares da alienação.

Avançando um pouco mais nesta linha argumentativa e analítica, advogamos que tal convergência não se encerra na origem de tais movimentos, como também se reforça nas suas contradições.

A tomada de consciência de que uma situação é "não desejável", logo, necessária de ser modificada, ou seja, da existência de uma problemática societal, não significa a sua resolução automática, mas sim, e insistimos nesse ponto, do início de outro processo de embates sociais, cujo ponto fundamental talvez seja o aprofundamento, tanto pela ação como pela reflexão, do entendimento das causas, fundamentos e engrenagens de uma dada situação social que se deseja modificar (como o desemprego, exploração do trabalho, espoliação de um grande contingente de seres humanos). Enfim, tem-se o imperativo de um processo educativo de superação da alienação, esta entendida tanto como consciência/entendimento, como também capacidade política de intervenção/reversão do estabelecido.

Porém, como já nos alertou inúmeras vezes Marx, é a existência que determina a consciência, ou, arriscando uma tradução sintonizada com a problemática aqui apresentada, é a situação do ser social que delimita o alcance do seu processo educativo de apreensão teórica de uma dada realidade, condicionado assim a sua práxis.

Ressaltamos que tal dilema está presente, ora explicitamente, ora implicitamente, nos movimentos pela reforma agrária e pela economia solidária (BENINI; BENINI, 2008). Porém, o mais importante a se considerar é **que, vistos em conjunto, as lacunas de um complementa a do outro** e, nessa perspectiva, há uma convergência potencial que abre, como possibilidade histórica, uma aglutinação orgânica do trabalho.

Se ambos os movimentos podem ser situados, de uma forma ou de outra, como reações a alienação dos trabalhadores, é interessante notar que enquanto os movimentos pela reforma agrária tencionam a primeira dimensão da alienação – a relação entre o homem e natureza – sendo a questão da terra um elemento privilegiado de tal relação, por sua vez os movimentos da economia solidária ou pelo trabalho associado tencionam, de forma mais direta e explícita a segunda dimensão da alienação – a relação entre o trabalhador e a sua atividade produtiva – colocando como elemento privilegiado das suas propostas ou lutas os preceitos da autogestão. Temos então, na perspectiva de um projeto político de desalienação, uma nítida e estruturante complementaridade.

Porém, dado que ambos os movimentos até o momento são singulares, naturalmente estão organizados em espaços, instituições, projetos e estratégias diferentes ou mesmo distintos, logo, tal complementaridade só é possível ser vista como possibilidade, mas não é ainda uma realidade, ainda que já existam alguns ensaios e experiências que sinalizam tal convergência crítica.

Claro que na luta pela reforma agrária está presente a questão da organização do trabalho, e na luta pelo trabalho associado também está presente a questão dos meios de produção, mas, enquanto movimento concreto e histórico, cada qual se articula num eixo articulador distinto, e, mesmo internamente, há vários empreendimento econômicos solidários segregados e desarticulados, como há vários assentamentos ou agricultores familiares igualmente isolados e desarticulados. Isso tudo do ponto de vista econômico/material, e todos eles, enquanto "núcleos produtivos", são em última instância "articulados" de forma subordinada pelo capital, por meio dos mecanismos de mercado.

Dessa forma, o resultado é nada mais, nada menos que um "bloqueio estrutural" para uma prática educativa, e uma ação conscientizadora, de natureza pós-alienação ou para além do capital, logo, pós-política. E tal "bloqueio estrutural" é fruto do capital na sua lógica de fragmentar o trabalho, e é reforçado pela ambiguidade que os movimentos sociais se encontram, impedindo, dessa forma, uma maior e mais profunda aglutinação política para ser possível questionar/enfrentar, em bloco (ou a partir da formação de um bloco histórico), as duas primeiras dimensões da alienação, abrindo nova perspectiva histórica de superação efetiva desta alienação, ao se movimentar para a 3^a e 4ª dimensão da alienação, ou seja, na relação social entre os seres humanos.

Diante desse limite, inferimos que o problema da ambiguidade e fragmentação dos trabalhadores é uma questão com duas implicações: limita um processo educativo mais denso e limita uma práxis emancipatória mais consistente. Com isso, a luta de classes, que podemos entender como o antagonismo entre opressores e explorados, é um campo de disputa (figura 8.1), mas não necessariamente um campo de superação.

Figura 8.1 – Campo de Disputa.

Se nos movimentos pela reforma agrária temos como elemento articulador principal a questão da terra, um meio de produção que poderíamos, inclusive, qualificar como estruturante (pois no espaço rural temos presente não somente a produção, como também todo um conjunto de relações sociais e relações entre os humanos e a natureza), no contexto do trabalho associado da economia solidária temos como elemento-chave a questão da auto-organização dos trabalhadores.

Grosso modo, podemos argumentar nos seguintes termos:
1. O limite específico das lutas pela reforma agrária está justamente na sua forma de organização intratrabalho;

2. O limite específico da economia solidária está nas suas condições materiais de existência (meios de produção, tecnologia, circulação);
3. O limite de ambos estaria na sua própria condição de subordinação estrutural ao capital (dependência de políticas públicas, de apoios externos, de tecnologias, de mercado, entre outros).

Se um falta organização, no outro falta base material, e ambos faltam integração material e econômica, o que lhes coloca, igualmente, dentro de uma convergência estrutural, cuja práxis ainda é inexistente. Enfim, a ambiguidade e a fragmentação dos trabalhadores os impedem, em última análise, de se qualificarem enquanto sujeitos históricos, criando assim um campo de superação (figura 8.2).

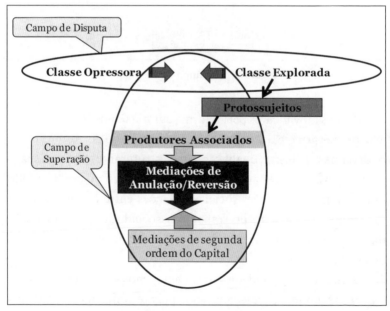

Figura 8.2 – Campo de Superação.

Se admitirmos que, quanto melhor ou mais aprofundado for a apreensão teórica de uma dada realidade maiores são as possibilidades práticas de mudança/transformação desta mesma realidade, podemos inferir que uma práxis autogestionária é um movimento tanto de adensamento teórico-crítico, como igualmente prático-consciente.

Dessa forma, o limite de uma ação prática, planejada ou pactuada conscientemente (ou seja, não como mera reação imediata), é dado pelas condições sociais de compreensão teórica de uma realidade, que possibilita a sua crítica mais ou menos aprofundada, e o limite dessa crítica, por sua vez, é determinado pela qualidade das ações práticas em curso.

Neste horizonte histórico, a multiplicidade de formas ou espaços de lutas, criando movimentos sociais igualmente variados, se por um lado expressa o quanto viva e latente estão as contradições de uma dada sociedade, igualmente se apresenta como um problema na perspectiva de superação dessas mesmas contradições.

Como vimos, a ambiguidade das lutas contra-hegemônicas, ao que tudo indica, não lhes permitem superar a sua subordinação estrutural ao capital, apesar de que, como evidenciamos aqui, potencialmente essa possibilidade/convergência já existe.

Considerando que superar a subordinação ao capital significa simultaneamente um projeto de desalienação aos movimentos atuais de luta: a reforma agrária e a economia solidária, junto com seus sujeitos e entidades, se colocam também no horizonte de lutas pela superação das mediações alienadoras do capital, indo além da resistência. É no espaço dessas lutas que um projeto de aglutinação orgânico do trabalho e superação da alienação – bem como o surgimento dos sujeitos desta construção histórica – ganha maiores possibilidades de realização.

~: 4 :~
APONTAMENTOS PARA UM PROJETO DE IMPLEMENTAÇÃO

Sem dúvida que a via de aglutinação do trabalho associado para um sistema orgânico do trabalho – SOT (ou um sistema comunal) não se dará de uma hora para outra, trata-se de uma construção histórica.

Porém, mesmo considerando tal via de transformação como uma construção histórica, que depende de inúmeras circunstâncias, inclusive do grau e da forma de adesão dos trabalhadores e dos movimentos sociais, faz-se necessário o implante de um ponto de inflexão concreto, que materializa o adensamento desta via, iniciando o funcionamento propriamente dito do SOT, mesmo que numa primeira aproximação do "mínimo necessário" e do "máximo possível".

Na parte 2 discutimos ao mesmo tempo as mediações elementares para um sistema comunal, bem como os seus principais elementos constitutivos e possíveis encadeamentos e desdobramentos ontológicos.

Cabe então uma discussão preliminar (que obviamente apenas se inicia aqui), de qual seria esse "mínimo necessário", para ao menos sinalizar estratégias de construção do "máximo possível" de condições para o primeiro implante crítico do SOT. Claro que romper a barreira do "mínimo necessário" é uma primeira "vitória" de tal construção histórica, mas esta somente poderá se realizar plenamente, num movimento progressivo, na exata medida em que sua base social de envolvimento, apoio ou adesão se amplie.

Logo, podemos refletir sobre alguns pontos (sem esgotar tal problemática) a respeito do que seria ou qual a forma de conceber tal "mínimo necessário" para fundar um sistema orgânico:

1. Para ser "sistema", é importante ponderar sobre a diversidade mínima de produtos e serviços (eixos produtivos) que possibilitem uma circulação "virtuosa";
2. Tal circulação virtuosa precisa permitir, ao mesmo tempo, uma parte para consumo interno dos associados, outra para vender no mercado tradicional;
3. As receitas de tais vendas precisam permitir, aos trabalhadores associados ao SOT, tanto adquirirem outras produtos (que ainda não produzem, mas que precisam consumir), como também meios de produção numa escala e taxa que permitam uma expansão de dentro para fora;
4. Paralelo ao cálculo dos eixos produtivos necessários (inclusive a base territorial disso), é necessário pensar em quantos trabalhados/produtores associados seriam necessários para pôr em movimento essa produção;
5. Tendo em vista o coletivo inicial de associados do SOT, ponderar sobre qual o portfólio de necessidades mínimas deles que precisam ser garantidas;
6. Tendo em vista o conjunto de necessidades mínimas dos associados, bem como qual o patamar necessário para se criar uma expectativa subjetiva positiva (tanto interna-

mente, para os primeiros associados, quanto para as próximas e imediatas adesões que serão necessárias), ponderar sobre qual o patamar mínimo de renda sistêmica inicial;
7. Equacionando tais variáveis críticas (que não excluem outras), chega-se a um valor aproximado que um fundo coletivo deve alcançar para viabilizar a implantação do SOT.

Poderíamos, perfeitamente, resumir todos esses itens no seguinte princípio: qual é o patamar mínimo para garantir um processo de ampliação, em termos de conteúdos e abrangência, da autogestão dos trabalhadores/produtores associados organicamente?

Concebendo a construção de um sistema comunal (ou sistema orgânico do trabalho) como uma construção história, logo, que amplie progressivamente tanto sua governança interna, como sua base de apoio social dos demais trabalhadores, movimentos e entidades pró-emancipação social dos humanos, a questão central não é ser "micro" ou ser "macro" o movimento de massas, mas sim, como instituir um microcosmo social que tenha uma perspectiva (e práxis) global, logo, não caia no isolamento sectário ou se configure numa simples "comunidade autossuficiente".

Por isso, ressaltamos, que este primeiro "núcleo irradiador" do SOT precisar necessariamente prover meios mínimos de vida para os seus associados, como também ter o mínimo de governabilidade para sua expansão, no sentido de ter condições para, de forma crescente, receber novas adesões de trabalhadores.

Podemos dizer que tal movimento aqui defendido é um movimento de ampliação da solidariedade numa perspectiva sistêmica ou de duas vias de práxis. Uma primeira via de reunião de um conjunto de trabalhadores, movimentos e entidades, que buscam estratégias e meios para se viabilizar a instituição de um sistema orgânico do e para o trabalho, e uma segunda via na qual os trabalhadores/produtores associados no então criado sistema comunal

(SOT) buscam estratégias e meios para receber ou incluir novos trabalhadores e/ou empreendimentos coletivos (seja da economia solidária, seja dos projetos de assentamento da Reforma Agrária, seja de outros coletivos que pactuam com os princípios de uma sociedade de autogestão plena).

Dessa forma, mais importante que adquirir recursos ou meios para viabilizar a via do trabalho associado organicamente integrado, a questão decisiva aqui diz respeito aos sujeitos concretos que dão vida e materialidade para tal projeto.

~: 5 :~
SUJEITOS HISTÓRICOS E PROJETO POLÍTICO: INICIANDO A IMPLEMENTAÇÃO DO SISTEMA ORGÂNICO DO TRABALHO

Sem dúvida que, de uma forma ou de outra, mesmo alienados ou negando quaisquer protagonismos, cada ser humano é sujeito da sua história, mesmo que a faça seguindo somente as circunstâncias e a inércia de opções que outros seres humanos fizeram (e também não fizeram) historicamente falando, logo, um sujeito apenas potencial, uma vez que na sua práxis se coloca de forma passiva frente ao mundo que o rodeia.

Porém, consideramos sujeitos históricos aqueles que assumem, coletivamente, um projeto político de transformação, ou seja, uma perspectiva de práxis que busque construir a sua história de forma o mais consciente e deliberada possível. Surge então a pergunta clássica: quem são os sujeitos da transformação social?

Da mesma forma, a proposta de aglutinação material e econômica plena (ou seja, orgânica) do trabalho associado não é nada sem a existência dos sujeitos históricos que assumem tal projeto. Sem isso, tudo o que foi dito aqui cairá, faltamente, no vazio.

Mas quais seriam os sujeitos históricos do projeto de construção de um Sistema Orgânico do Trabalho?

Possivelmente pode-se afirmar, sem nenhuma intenção idealista de antecipar processos e conjunturas históricas, que o sujeito histórico por excelência da aglutinação orgânica do trabalho são os **"trabalhadores/produtores efetivamente associados ao SOT"**.

Como o leitor já deve ter reparado, optamos aqui pela expressão "trabalhadores/produtores associados" pela dupla necessidade de enfatizar o processo de construção do Sistema Orgânico do Trabalho, bem como diferenciar dos proprietários burgueses que se consideram "produtores" também.

Porém, com tal afirmação, a questão ainda não é resolvida, pois, afinal, quem são essas pessoas, e como ou por quais motivos irão se aglutinar e se associar neste coletivo?

Já neste campo não é possível afirmações mais contundentes, mas tão somente colocar hipóteses, possibilidades e estratégias de implementação.

Talvez ajude um pouco a clarear esta questão se levarmos em consideração algumas ponderações, partindo do pressuposto de que é nossa existência material que determina, em última análise, nossas formas de consciência:

- Obviamente que os sujeitos históricos plenos da emancipação ainda não se materializaram, estão como forças potenciais, caso contrário, a transformação social já estaria em pleno curso;

- Também não se pode vincular, de forma automática, que os trabalhadores em geral são também os sujeitos de superação da sociedade do capital;
- Luta de classes não significa, necessariamente, lutas contra o capital, mas podem também ser expressões da disputa pelo excedente econômico, uma vez que os trabalhadores assalariados, bem como os proprietários e gestores, são igualmente relações sociais resultantes das mesmas mediações alienadoras do capital;
- A sociedade capitalista é uma formação social histórica saturada de contradições. Os mesmos processos que criam riqueza material, criam pobreza e miséria material também. Os mesmos processos que buscam formas de Estado democrático criam formas de Estado despóticos. Há uma grande sobreposição de "realidades parciais" de extrema variabilidade, mas conectadas pela mesma totalidade, logo, no mesmo mundo ou país ou cidade em que se vive pode-se viver tanto a leveza de uma bela canção, como os horrores da violência entre os humanos.

Em virtude de vários processos e circunstâncias, advindos de tal realidade impregnada de contradições, muitos trabalhadores, por exemplo, "sonham" em serem proprietários (ganhar na loteria, ascensão social e econômica, entre outros mecanismos, muitas vezes por mera segurança, outras pela sedução ideológica do poder e do dinheiro), ao passo que nem todos os que, no ponto de vista do capital, seriam a classe burguesa, escolheram deliberadamente serem os opressores.

Advogamos então que as mediações do capital impõem, aos humanos, duas "opções" (que não verdade não são opções) macabras: ser o opressor ou ser o explorado.

Porém, a partir deste antagonismo elementar, não podemos projetar, de forma mecanicista, duas formas básicas de consciência: a consciência dos que defendem o capital, e a consciência dos que combatem o capital. A complexidade das relações sociais e das ideologias resultantes é muito maior que esta simples dualidade.

Sem dúvida alguma existe uma forte ideologia de defesa da ordem capitalista, por um lado; mas, por outro, existem múltiplas ideologias que não se alinham a esta ordem (ponto em comum), mas que se fragmentam em vários modos de concepção e práxis, indo de um espectro de resistência pura e simples, para tentativas das mais variadas de enfrentamento.

Do ponto de vista da ideologia da ordem capitalista, a adesão dos proprietários dos meios de produção e dos gerentes da acumulação parece óbvia (mas, mesmo assim, enfatizamos que não se pode conceber tal adesão de forma simplesmente automática), porém, há também uma não desprezível adesão de trabalhadores a tal ideologia, fruto de um sem-número de artifícios.

Tal adesão ou alinhamento ideológico, sem dúvida, é resultado de uma série de fatores. Mas, dentro de tais fatores, talvez seria importante considerar que a simples falta de um projeto ou perspectiva concreta tenha um peso relevante. A decepção, o descrédito, sensações de impotência, entre outras subjetividades, em relação à via utópica de superação do capital, não são em si uma força ideológica importante para o fortalecimento deste (o capital)?

Igualmente, para escrevermos este livro ou mesmo tentar fomentar o debate a respeito das possibilidades de criação de um sistema orgânico do capital, quantas dúvidas, medos ou receios não perpassam o pensamento, muitas vezes hesitando entre vários dilemas, como os de "aceitação passiva" ou os riscos de idealismo a partir do compromisso de buscar meios para superar o estabelecido.

Para superar tais armadilhas (materiais e ideológicas), talvez não seria mais construtivo e edificante considerarmos um processo onde seja possível articular devidamente ideologias e subjetividades pró-trabalho associado? Dessa forma, todos aqueles que são críticos a este estado das coisas (ainda que por vários motivos ou razões tenham formas de vida burguesas), e compreendem não somente a sua lógica e funcionamento, mas, sobretudo, o caráter despótico, alienante e destrutivo do capital, estas pessoas potencialmente se apresentam como possíveis sujeitos históricos do projeto político do SOT.

Porém, diante da necessidade prática de densidade ontológica mínima para fundar um sistema orgânico do trabalho (como vimos na parte 2), se faz necessário a simultânea construção tanto de condições materiais (meios de produção suficientes) como sociopolíticas (o coletivo de trabalhadores/produtores associado do SOT) para esta fundação ou ponto de inflexão crítico.

O instrumento que nos parece mais adequado para criar condições históricas de aglutinação orgânica do trabalho associado é justamente a organização de um tipo de associação de implantação e apoio ao trabalho associado pleno (SOT), inclusive, vale registrar que tal estratégia já foi apontada em várias ocasiões, nas quais estávamos apresentando, para turmas diferentes do curso de especialização em Gestão Pública e Sociedade, a proposta do SOT. Apenas para facilitar a comunicação, vamos chamar genericamente esta associação de "associação de implementação".

Neste espaço organizativo, pode-se afirmar que os seus associados assumem o caráter de protossujeitos do SOT. Isto porque, naturalmente, ainda não são o futuro coletivo dos "trabalhadores/produtores associados do SOT", mas passam a estar diretamente envolvidos nesta construção.

No escopo da "associação de implementação", vários processos, antes existentes apenas como possibilidades historicamente abertas, começam a ganhar materialidade.

Entre eles, a própria reversão de expectativas pessimistas, uma vez que se pode, desde já, "fazer algo concreto" para superar o capital, bem como a criação de um fundo crítico para o implante inicial do SOT, a partir da contribuição regular dos associados. Porém, o mais relevante talvez seja o movimento de convergência à articulação das subjetividades e ideologias pró-trabalho associado e pós-capital, antes fragmentadas e dispersas. Neste coletivo, meios e fins são a mesma coisa, logo, desde já se busca, na medida do possível, ampliar o conteúdo e a abrangência da autogestão, e com isso tem-se o processo de formação do sujeito histórico do SOT a partir dos protossujeitos na associação de implementação. Inclusive eles teriam plena legitimidade de melhor detalhar, rever e/ou modificar tudo que ensaiamos escrever aqui.

Provavelmente a fundação concreta do SOT não signifique o fim desta associação de implantação. Talvez nem todos os seus associados queiram, ou tenham condições para isso, de "aderirem" ao SOT. Mas seria de grande relevância que os primeiros "trabalhadores/produtores associados ao SOT" contassem com condições materiais mínimas (fundo que possibilite adquirir os meios de produção e os meios de sobrevivência imediatos) e, com a solidariedade da associação de implementação (ou seja, dos demais trabalhadores, no sentido de "fora para dentro"), até que se iniciem de fato processos de investimento e expansão internos do SOT (logo, um novo sentido de solidariedade, de "dentro para fora").

Não é por outro motivo que denominamos tal associação de "implementação", ou seja, simultaneamente de implantação/fundação, e posteriormente de apoio ou articulação política, possibilitando o necessário suporte econômico e político aos associados do SOT.

Para explicar melhor o argumento, é como se uma "ponte ontológica" estivesse sendo construída. Até chegar do outro lado (uma sistema orgânico do trabalho plenamente constituído e autossustentado), alguns precisam estar no *front* da construção, enquanto outros lhe auxiliam com "meios de produção e meios de sobrevivência", ao passo que, quando a "ponte" estiver instituída, os trabalhadores do *front* (ou seja, os trabalhadores/produtores associados do SOT) passam a ter condições de receber, gradativamente, todos os demais trabalhadores que optarem em não mais se alienar ao capital. Neste movimento, ter-se-ia, nada mais, nada menos, que a formação de um verdadeiro bloco histórico contra-hegemônico do trabalho associado, a partir simultaneamente da organização política dos trabalhadores e da aquisição de meios materiais e institucionais de produção e reprodução autogestionária, fundando assim um conjunto de processos de transformação (quadro 2).

Enfim, pode-se dizer que a principal força necessária para se superar o "império" do capital é a autêntica e plena solidariedade entre os trabalhadores.

Quadro 2 – Processos de Transformação.

Cenário atual	Transição	Horizonte
Empresa burocrática	Eixos Produtivos	Células de produção
Serviços públicos submetidos a um Estado Burocrático centralizado	Núcleos Comunitários e um Sistema de Conselhos	Autogestão societal generalizada
Entidades públicas hierarquizadas (União, Estados e Municípios)	Comunas	Sistema Comunal Transnacional e Interterritorial
Lei do valor, mercado, acumulação mercantil	Moeda social; Renda sistêmica	Articulação de "capacidades" e "necessidades"
Estado burocrático capitalista	Deslocar, progressivamente, funções sociais e o fundo público para o sistema comunal	O Estado passa a ser, historicamente, desnecessário
Funções de direção e coordenação como fonte de privilégios	Conselhos com cargos revogáveis, rotatividade de lideranças	Em aberto

Cenário atual	Transição	Horizonte
Coordenação econômica caótica, via mercado, sendo regulada por uma coordenação autoritária, via Estado	Coordenação feita a partir do trabalho disponível e estoque tecnológico, e expressa na instituição da Renda Sistêmica	Em aberto
Individualismo que isola e fragmenta as pessoais, solidão social e vulnerabilidade, alienação, redução a mero consumidor ou força de trabalho	Igualdade material para a liberdade de uma vida social plena	Liberdade individual garantida pela vivência comunitária, cidadania plena, espaço público
Lucro privado + tributos	Renda Sistêmica	Em aberto
Exploração	Eficiência Sistêmica	Efetividade e Sustentabilidade Ampla
Progresso técnico apropriado pelos proprietários dos meios de produção	Criação e reconversão em Tecnologias Sociais	Progresso técnico como patrimônio social: implica redução do tempo de trabalho necessário ao aumento do tempo livre
Produção como elemento isolado e privativo (empresas, corporações, grupos de interesse)	Produção em integração progressiva	Produção como fato e "propriedade" social
Propriedade privada dos meios de produção	Fundação antipropriedade	Propriedade social dos meios de produção; Superação da propriedade privada
Direitos sociais e proteção social	Vida social plena	Emancipação
Capital	Movimento político do trabalho associado	Trabalho
Capitalismo	Sistema Comunal	Pós-capital e pós-capitalismo

Considerações Finais
POR UMA SOCIEDADE SUSTENTÁVEL AUTOGESTIONÁRIA

Onde está a VIDA que perdemos em vida?
Onde está a sabedoria que perdemos com o conhecimento?
Onde está o conhecimento que perdemos com a informação?
(*The Roch*. Faber Edition London, 1961)

Não se pode negligenciar o poder da ideologia dominante. Além dos discursos repetidos à exaustão, que pregam o fim das utopias ou a inexistência de alternativas, muitos de nós esmorecemos frente ao tamanho de problemas e ameaças que se configura e se materializa dia após dia.

Certamente que não se pode simplesmente "esperar" que algo aconteça, principalmente por parte de todos nós, que de uma forma ou de outra não pactuamos com o sistema social do capital (a desigualdade entre os humanos, a exploração e espoliação de uma classe sobre a outra, a expansão ilimitada da acumulação para poucos à custa da destruição progressiva sobre os ciclos ecológicos de suporte à vida, toda a sorte de conflitos, disputas, violência, mortes e guerras), e não aceitamos a imposição ideológica que busca naturalizar isso e persuadir que não há outras formas de organização social devido a uma suposta natureza egoísta dos humanos.

Negar tudo isso é dar vida a uma contraideologia de caráter emancipatório. Porém, apenas negar a ideologia do capital não nos coloca como sujeitos históricos da sua superação. Agora **negar e buscar as condições de superação** já é um adensamento de uma ideologia emancipatória, na qual os protagonistas desta luta se constituem como protossujeitos da transformação. Estes, por sua vez, ao instituírem um sistema orgânico do trabalho, gênese de um sistema comunal, se convertem em sujeitos históricos da transformação, como produtores associados, a partir de uma ideologia emancipatória que **nega o capital e afirma, materialmente, novas relações sociais de produção.**

Ora, por definição, uma classe só existe em relação à outra. Dessa forma, a hegemonia (ou ideologia) de uma classe, mesmo sendo a do proletariado (autocrítica dialética), pode não superar o antagonismo de classes, pois a própria existência de uma classe é fruto desse antagonismo, e as relações antagônicas entre classes implicam relações de disputa, dominação e controle, logo, alimentam a própria existência de classes "rivais".

Por sua vez, a construção de um coletivo de trabalhadores/ produtores organicamente associados não é a formação de uma nova classe, mas a superação do antagonismo de classes. Tem-se então a formação de um bloco histórico que está em direta oposição às mediações do capital.

Dessa forma, viabilizar tal coletivo significa fortalecer as ideologias emancipatórias, que passam efetivamente a ter lastro material e, com isso, a sinalizar aos demais trabalhadores (ou mesmo aqueles que defendem ou estão sob influência da ideologia dominante) a possibilidade concreta de uma outra forma de organização societal.

Se Marx falava que a associação ou cooperativa de trabalhadores só teria sentido se realizada por meios "nacionais", aqui argumentamos que se trata na verdade de meios interterritoriais (coordenação horizontal de microcosmos) e transnacionais (superação da fragmentação estatal e nacional dos povos, na perspectiva de uma "pátria global").

É o reforço mútuo ou a conjunção dessas três forças: ideologia emancipatória, implante material (ainda que micro) de novas relações sociais de produção e a perspectiva prática de um sistema comunal, que fornecem bases (materiais e ideológicas) para sairmos do campo histórico da disputa entre classes antagônicas para o campo histórico de superação da existência de classes.

Claro que a superação de classes não se dará sem problemas e conflitos. Inspirados em vários outros grandes pensadores, artistas e ícones históricos da emancipação, como John Lenon, que empolgou uma geração inteira com o seu magistral *imagine*, e Ghandi, com a sua via pacifista de luta contra o império britânico, entre muitos e muitos outros, defendemos aqui uma via de luta pela superação do status quo não violenta.

Isso a partir da negação, coletiva e auto-organizada, dos trabalhadores de terem o seu trabalho, bem como os frutos desse trabalho, alienado e espoliado. A atual constitucionalidade, que abrange direitos sociais e direitos de organização (sindicatos, partidos, associações, cooperativas), duramente conquistadas pelos povos (emancipação política), permite uma via de enfrentamento diretamente na esfera da produção e circulação, a partir da criação de novas mediações (como vimos na parte 2), engrenando assim outro patamar de lutas políticas, no sentido de superação.

É possível reações agressivas, advindas da ideologia do capital, fora da institucionalidade vigente (constitucionalidade e legalidade), mas tais reações podem também desnudar as verdadeiras facetas da dominação, enfraquecendo assim suas ideologias falseadoras da realidade, e, com isso, permitir uma melhor tomada de posição dos povos. Logo, o ônus da agressão, com todas as consequências ideológicas e políticas disto, será de quem insiste em manter, arbitrariamente, uma relação de exploração e submissão sobre os seus semelhantes.

Assim como outras vias de enfrentamento ou alternativas de transformação igualmente podem sofrer tais reações agressivas, porém, numa via de enfrentamento violento, as reações são imediatas, e a ideologia dominante pode forçar inclusive o apoio de amplos extratos da população a esta reação conservadora.

Outra opção é simplesmente não "fazer nada", ou seja, não lançar mão de nenhum projeto de transformação e enfretamento, e "esperar para ver" como as contradições do capital vão se desdobrar. Cabe então as seguintes indagações: É possível civilizar a lógica de acumulação "ilimitada" do capital e seu crescente aspecto destrutivo? Até que ponto teremos ainda alguma "civilidade institucional" para uma superação consciente e auto-organizada? Até que ponto teremos ainda condições de recuperar os estragos já feitos sobre o ambiente e seus ecossistemas? Até que ponto a ampliação das crises econômicas globais podem levar povos e governos ao desespero de guerras e revoltas? Insurreições populares, neste contexto extremo, levam automaticamente a uma resolução positiva?

Diante de tudo, se as experiências atuais de economia solidária, ou mesmo de reforma agrária, não são suficientes para provocar uma ruptura de maior densidade, sem dúvida elas já são um começo importante, ou mesmo uma etapa necessária para criar condições futuras para tal ruptura, pois ao mesmo tempo em que imperativos de sobrevivência e renda imediatos levam à harmonização dessas ações alternativas com os fluxos mercantis de riqueza social, também a busca por relações de trabalho não alienadas induz um atrito ou um movimento contrário a essa mesma lógica.

Mas nesse movimento de enfrentamento, caberia também aos demais seres humanos, que não se encontram, no imediato, em situação de vulnerabilidade social (apesar de estarem, invariavelmente, na mesma situação de risco, tanto em termos sociais e econômicos, como em termos ecológicos), não apenas aplaudir tais iniciativas como se estivesse frente a algo exótico, mas que essas ações fossem, de fato, valorizadas como elas realmente são: com as suas fragilidades e com as suas conquistas também. E, além disso, que essa valorização significasse também apoio, e progressivamente adesão, aos mesmos princípios ou horizonte de ruptura, buscando os necessários meios sistêmicos e estruturais para sustentar uma mudança efetiva. Eis uma autêntica solidariedade.

Acredito que cabe a todos nós, que já temos a ideologia da emancipação ao menos em perspectiva, lançar estratégias e movimentos coletivos de superação desta situação absurda, situação esta aonde quanto mais se produz materialmente, mais desperdício, escassez e destruição se tem. Caminhar na direção do horizonte utópico de superação e construção de novas sociabilidades, de um "outro mundo", é fortalecer (e com isso sinalizar positivamente para outras pessoas), a ideologia da emancipação plena dos humanos da sua autoalienação. Superar por completo todas as dimensões da alienação é também a realização histórica de um autêntica sustentabilidade ampla, ou seja, a constituição de uma sociedade sustentável autogestionária. Sobretudo é este convite que fazemos com a elaboração do presente livro, e é essa a "arquitetura crítica" de um "Sistema Orgânico do Trabalho".

~: Posfácio :~

Foi no início de 2010 que resolvemos pensar, e escrever, as principais questões abordadas neste livro. Sem dúvida que o problema inicial que nos colocamos a indagar – como viabilizar uma autogestão plena ou efetiva na economia solidária – nos trouxe diversos desdobramentos teóricos e frutíferos debates que culminaram neste livro.

Porém, a partir da discussão com os alunos do curso de especialização em Gestão Pública e Sociedade (curso nacional em 10 capitais, no período de agosto de 2011 a julho de 2012), bem como com assentados e lideranças do MST do Tocantins, que foi possível amadurecer muitos pontos e lacunas, contribuindo assim para redigirmos de fato um argumento que, ao menos, tivesse condições "inteligíveis mínimas" para promover o debate sobre a proposta de conceber de forma diferenciada, e com isso reorientar práticas e estratégias no campo do trabalho associado.

Sem dúvida que caberia muitas outras pesquisas e reflexões, para aprofundarmos ainda mais os argumentos e propostas contidas aqui. Entretanto, refletimos que isso não seria oportuno, uma vez que o propósito principal nosso, enfatizo novamente, é abrir espaço para o debate e discussão sobre as possibilidades práticas para construirmos um sistema orgânico do trabalho, e de forma alguma fecharmos a questão ou, pior, esgotarmos a temática.

Dessa forma o leitor encontrará, sem dúvida, falhas e equívocos, frutos da nossa tentativa, humana logo limitada, de dialogar ou "arquitetar pontes possíveis" entre a crítica a realidade, e projetos de mudança dessa realidade.

Esperamos assim fomentar um espaço coletivo de críticas, debates e sugestões, talvez até a formação de um coletivo que venha, efetivamente, a pensar em estratégias de viabilizar tal projeto. E por que não?

Comentários, dúvidas, críticas, sugestões podem ser enviados para o seguinte endereço eletrônico: autonomia.sot@gmail.com.

Saudações libertárias a todos que buscam dar vida às ideologias emancipatórias!

❧ REFERÊNCIAS BIBLIOGRÁFICAS ❧

ANTUNES, R. A *Dialética do Trabalho*. São Paulo: Expressão Popular, 2004.

BENINI, E. A. *Sistema Orgânico do Trabalho: uma perspectiva de trabalho associado a partir das práxis de Economia Solidária*. In: BENINI, E. et al. [Orgs.]. Gestão Pública e Sociedade: Fundamentos e políticas públicas da Economia Solidária. Vol. 1. São Paulo: Outras Expressões, 2011.

BENINI, E. A.; BENINI, E. G. As contradições do processo de autogestão no capitalismo: funcionalidade, resistência e emancipação social pela economia solidária. Revista Organizações e Sociedade. Salvador, v. 17 – n. 55, p. 605-619 – outubro/dezembro, 2010.

BENINI, E. A.; BENINI, E. G. A Reforma Agrária no contexto da Economia Solidária. Revista NERA. Presidente Prudente, n. 13, p. 6-15 – julho/dezembro, 2008.

BENINI, E. A.; MIRANDA, A. P. *Ecovila Popular: Elementos para a elaboração de um novo instrumento de construção sustentável do espaço urbano*. Tupã: I Fórum Ambiental da Alta Paulista, 2005.

BENINI, E. A. Economia solidária, estado e sociedade civil: um novo tipo de política pública ou uma agenda de políticas públicas? In: DAL RI,

N. M.; Vieitez, C. G. [Orgs.]. *Revista Organização e Democracia*. Marília: Unesp. p. 3-23, 2003.

BERNARDO, J. *Para uma teoria do modo de produção comunista*. Edições Afrontamento. Porto, 1975.

CATTANI, A. D. [Org.]. *A outra economia*. Porto Alegre: Veraz Editores, 2003.

CHRISTOFFOLI, P. I. *A cooperação agrícola nos assentamentos do MST: desafios e potencialidades*. In. BENINI, E. et al. [Orgs.]. Gestão Pública e Sociedade: Fundamentos e políticas públicas de Economia Solidária. Vol. 2. Outras Expressões: São Paulo, 2012.

COGGIOLA, O. *Introdução*. In. Escritos sobre a Comuna de Paris / seleção e introdução de Osvaldo Coggiola. São Paulo: Xamã, 2002.

DAGNINO, R. [Org.]. *Tecnologia Social: ferramenta para construir outra sociedade*. Campinas, SP: IG/UNICAMP, 2009.

DAGNINO, R.; NOVAES, H. *As forças produtivas e a transição ao socialismo: contrastando as concepções de Paul Singer e István Mészáros*. Incubadora Tecnológica de Cooperativas Populares/Unicamp, Campinas, set. 2005. Disponível em <http://www.itcp.unicamp.br >. Acesso em: 6 jun. 2007.

DAL RI, N.; VIEITEZ, C. G. Educação Democrática e Trabalho Associado no Movimento dos Trabalhadores Rurais Sem Terra e nas Fábricas de Autogestão. São Paulo: Ícone: FAPESP, 2008.

FARIA, M. S. *Autogestão, cooperativa, economia solidária: avatares do trabalho e do capital*. Florianópolis: Em Debate, UFSC, 2011.

FRANÇA FILHO, G. C.; LAVILLE, J. *Economia solidária: uma abordagem internacional*. Porto Alegre: Editora da UFRGS, 2004.

GAIGER, L. A economia solidária diante do modo de produção capitalista. *Caderno CRH*, Salvador, v. 16, n. 39, p. 181-211, jul./dez. 2003. Disponível em: <http://www.cadernocrh.ufba.br/viewissue.php?id=12>. Acesso em: 10 set. 2009.

GUILLERM & BOURDET, *Autogestão: uma mudança radical*. 1976.

HARVEY, D. *O neoliberalismo: história e implicações*. São Paulo: Edições Loyola, 2005.

LUXEMBURGO, R. *Reforma ou revolução?* São Paulo: Editora Expressão Popular, 2005.

MANCE, E. A. Redes de colaboração solidária. In: CATTANI, A. D. [Org.]. *A outra economia acontece.* Porto Alegre: Veraz Editores, 2003. p. 219-225.

MANZINI-COVRE, Maria de Lurdes. *O que é cidadania.* São Paulo: Brasiliense, 1995.

MARSHALL, T. H. *Cidadania, Classe Social e Status.* Rio de Janeiro: Zahar Editores. 1967.

MARTORANO, L. G. *Conselhos e Democracia: em busca da particpação e da socialização.* São Paulo: Editora Expressão Popular, 2011.

MARX, Karl. *A guerra civil na França.* São Paulo: Global Editora, 1986.

MARX, K. *O capital: crítica da economia política.* Livro 1. Rio de Janeiro: Civilização Brasileira, 2006.

MÉSZÁROS, I. *O sistema comunal e o princípio da autocrítica*, 2008. Disponível em: <http://odiario.info/?p=629>. Acesso em: 5 abr. 2011.

MÉSZÁROS, I. *Para além do capital.* São Paulo: Boitempo Editorial, 2002.

MÉSZÁROS, I. *O poder da ideologia.* São Paulo: Boitempo Editorial, 2004.

MÉSZÁROS, I. *A teoria da alienação em Marx.* São Paulo: Boitempo Editorial, 2006.

MOTTA, F. C. P. *Organização e Poder.* São Paulo: Atlas, 1986.

NOVAES, H. T. *O fetiche da tecnologia: a experiência das fábricas recuperadas.* São Paulo: Expressão Popular, 2010.

SINGER, P. *A economia solidária no Brasil: a autogestão como resposta ao desemprego.* Contexto: São Paulo, 2003.

TRAGTENBERG, M. *Reflexões sobre o Socialismo.* São Paulo, 2003.